AI, 산업 혁명의 딜레마

AI총서

인공지능 시대입니다. 기계가 인간의 인지를 대신하고, 사물이 인간을 통하지 않고 다른 사물과 직접 커뮤니케이션합니다. 이에 따른 인간 삶과 문명 변화를 정확히 이해·예측·대응하는 것은 이 시대 우리 모두의 과제입니다. AI총서는 인공지능 기술과 환경의 여러 주제를 10가지 키워드로 정리합니다. 관련 개념과 이론, 학계와 산업계의 쟁점, 우리 일상의 변화를 다룹니다. 인간과 기술의 현재, 미래를 세심히 분석합니다.

일러두기

- 인명, 작품명, 저서명, 개념어 등은 한글과 함께 괄호 안에 해당 국가의 원어를 병기했습니다.
- 외래어 표기는 현행 어문규정의 외래어표기법을 따랐습니다.

처음이세요?

전문가세요?

지금, 큐알 찍으면

- AI 입문서 바로 선물
- 당신만의 필독서 추천
- 500권 요약본 공짜
- 오디오북 무료 사용

AI, 산업 혁명의 딜레마

한수경

대한민국, 서울, 커뮤니케이션북스, 2025

AI, 산업 혁명의 딜레마

지은이 한수경
펴낸이 박영률

초판 1쇄 펴낸날 2025년 11월 25일

커뮤니케이션북스(주)
출판 등록 2007년 8월 17일 제313-2007-000166호
02880 서울시 성북구 성북로 5-11
전화(02) 7474 001, 팩스(02) 736 5047
commbooks@commbooks.com
www.commbooks.com

ISBN 979-11-430-0942-5 03500

책값은 뒤표지에 표시되어 있습니다.

차례

AI 시대의 인간 존재와 그 의미 xi

01 1차 산업 혁명, 자본주의 탄생 1

02 2차 산업 혁명, 대량 생산 시대 13

03 3차 산업 혁명, 인터넷과 정보 혁명 25

04 4차 산업 혁명, 핵심 기술과 발전 속도 37

05 AI 시대 인간 노동의 소멸 49

06 AI 보완 존재로서의 인간 63

07 AI 시대, 거짓과 진실의 경계 75

08 AI 로봇의 인격화, AI 정치인의 출현 87

09 AI 기술 격차와 윤리적 책임 99

10 AI 시대, 산업 혁명의 종말 115

AI 시대의 인간 존재와 그 의미

증기의 굉음이 인간의 근육을 대신하던 18세기, 우리는 '노동과 기계'라는 새로운 관계를 맺기 시작했다. 전기가 어둠을 밀어내고, 컨베이어가 공장을 달리게 하며, 컴퓨터와 인터넷이 국경을 지우고, 세계를 실시간으로 연결하는 동안, 역사는 매번 혁신의 이름으로 인간의 삶을 다시 썼다. 이제 그 펜을 쥔 주체가 인간이 아닌, 인간이 자신의 도구로 만든 인공지능(artificial intelligence, AI)으로 바뀌고 있다. AI는 보이지 않는 신경망으로, 도시와 농촌, 가정과 일터, 심지어 우리의 사고 습관까지 침투하며 인류 문명을 재구성한다.

이 책을 펼친 독자는 두 부류일 것이다. 하나는 AI 기술을 연구·개발하며 매일 새로운 가능성과 마주하는 실무자, 다른 하나는 변화의 실체를 알고자 하는 일반 독자다. 두 부류가 공유하는 질문은 단 하나일 것이다. '이 거대한 기술 진보가 우리의 삶을 어디로 데려갈 것인가?'

산업 혁명의 궤적과 AI

증기 기관이 노동의 근육을, 전기가 공장을, 디지털이 정보를 바꾸었다면, 4차 산업 혁명의 심장인 AI는 사고 · 예측 · 창조라는 인간의 고유 영역에 본격적으로 파고든다. 기계의 지능이 인간의 지능을 추월해 스스로 발전 속도를 제곱 배로 끌어올리는 순간, 인간이 자신이 창조한 기계의 작동 방식을 더는 이해하지 못하는 순간이 다가온다. 공상 과학 영화 속의 장면들이 결코 먼 이야기가 아니다.

오늘 우리는 단순한 기술 세대 교체가 아니라 문명적 전환점 앞에 서 있다. AI의 진화는 대화형 → 추론형 → 에이전트형 → 혁신가형 → 조직형의 5단계를 거치며 스스로 고도화한다(Solis, 2024.8.6). 3단계 '에이전트형'이 이미 장기간 과업을 자율 수행하는 지금, 5단계 '조직형' AI, 즉 하나의 AI가 기업 · 정부 · 연구소의 기능 전부를 통합 수행하는 시대는 상상보다 빨리 다가올 가능성이 크다. 여기에 양자 컴퓨터가 결합하면 학습 · 추론 속도는 기하급수적으로 가속되고, 레이 커즈와일(Ray Kurzweil)이 예견한 기술적 특이점(singularity)이 현실 시나리오로 변모한다(Kurzweil, 2005/2007). AI가 스스로 재설계하는 자가-개선(self improvement) 단계에 도달할 때, 인간은 과연 AI를 통제할 수 있는 '중단 버튼'을 쥐고 있을까?

물리학자 스티븐 호킹 박사는 'AI의 완전한 개발은 인류의 종말을 부를 수도 있다'라고 경고했다. 'AI 대부'로 불리는 제프리 힌턴(Geoffrey E. Hinton)도 급속한 AI 기술 발전의 위험성을 알려 왔다. 이들의 메시지는 '기술을 제어하지 못하면 기술이 우리를 제어할 것'이라 인간 문명의 종말을 알리는 경고다. AI 시대는 결국 인간에게 기술 발전에 대한 근원적 질문을 던진다.

창조적 파괴와 인간의 착각

AI 시대, 실업은 지나가는 불편함일까? 존재의 전환점일까? 조지프 슘페터(Joseph Schumpeter)가 유행시킨 '창조적 파괴(creative destruction)'는 자본주의 발전의 동력이다. 새로운 기술은 낡은 산업을 무너뜨리고, 그 폐허 위에 새로운 산업과 일자리를 창조한다. 역사적으로 이 순환은 긍정적인 결과를 낳았다. 1차 산업 혁명 당시 방직기가 수공업자들의 일자리를 위협했을 때도, 2차 산업 혁명에서 컨베이어 시스템이 공장의 단순 반복 노동을 밀어냈을 때도, 사람들은 실업을 걱정했지만, 새로운 산업이 더 많은 직업을 창출했고 자본주의는 살아남았다. 우리는 그 경험을 통해, '기술이 일자리를 없애는 만큼, 반드시 새로운 일자리를 만들어 낸다'라는 믿음을 체득해 왔다.

하지만 오래된 직업이 사라지고 새로운 산업이 태어나기까지의 시간차로 생겨나는 기술적 실업은 개인에게 깊은 상처를 남긴다. 이제 AI는 그 시간차를 전례 없이 확대한다. 의사 · 변호사 · 교사처럼 고도의 전문성을 요구하던 영역까지 기계가 잠식하면서 '전문가 소멸'이 일상의 우려로 떠올랐다. 인간의 고유 영역으로 여겨졌던 지적 노동조차 이제 예외가 아니다. '창조적 파괴 이후엔 늘 새로운 일자리가 생긴다'라는 믿음은 희망을 담은 착각일 수 있다.

과거의 기술 혁신은 새로운 산업을 만들고, 그 산업이 더 많은 인간 노동력 수요의 확대로 이어졌다. 그러나 AI 시대는 다르다. AI가 새로운 산업을 만들더라도, 그 산업의 주요 노동 주체는 여전히 인간이 아니라 AI 자신이다. AI가 설계하고, AI가 운용하며, AI가 자기 스스로 개선한다. 결국 인간은 그 산업 구조의 중앙에서 밀려난다.

다시 말해, '새로운 산업이 새로운 일자리를 창출한다'라는 명제는 이제 반드시 '인간을 위한 일자리'일 것이라는 보장이 없다. 우리는 여전히 기계는 인간을 돕는 도구, 기술은 문제를 해결하는 수단, 미래는 늘 일자리를 만든다는 믿음 속에 안주한다.

그러나 현실은 생각보다 더 냉혹하다. 7년 전 AI 로봇을 주제로 한 영국 드라마 〈휴먼스(Humans)〉의 장면들은 우리의 현실이 되고 있다. 드라마 속 부모는 딸에게 최선을 다하라고 당부하지만, 딸의 대답은 냉소적이다, "의사는 어때요? 의사 되는 데에 7년 걸리죠. 그때가 되면 인공 로봇에게 수술을 넘겨줘야 할걸요. 최선은 아무런 가치가 없어요!" 또 한 장면 중 "로봇보다 잘할 수 있는 것이 하나도 없다. 무엇을 하건 인공지능이 더 뛰어나다"라고 하는 친구들 간의 대화는 곧 우리의 현실이 될 수 있다.

실제로 빅 테크 기업들의 프로그래머 상당수가 직장을 잃고 있다. 직원들은 '당신이 인공지능보다 더 뛰어난 것이 무엇인지 증명하시오'라는 요구를 받는다고 한다. AI 에이전트가 등장한 현재는 목표를 설정하고 스스로 일의 순서를 짜며, 도구를 호출하고, 결과를 통합해 실행까지 완수한다. 이제 AI는 인간의 지시를 받지 않고도 일을 '맡아서 끝내는' 존재가 되었다. 직장에서 인간은 자신이 만든 AI 도구보다 못한 취급을 당한다.

AI는 분명 또 다른 창조적 파괴를 일으키고 있다. 그러나 이번에는 다르다. 과거에는 파괴 이후 창조의 주체가 인간이었지만, 이제는 그 창조의 주체조차 AI가 될 수 있다. 우리는 이제 단순한 '일자리 변화'가 아니라 인간의 존재 방식 전체가 바뀌는 문명의 전환점에 서 있다. '일자리는 곧 생겨날 것이다'라는 낙관은 이 거대한 변화의 물결 앞에 인간이 스스로 자신을 안심시키기 위한 위안의 주문일지 모른다. 이제 그 위안의 주문과 착각에서 깨어날 때다.

노동으로부터의 자유와 권리

1930년, 경제학자 존 케인스(John M. Keynes)는 '100년 후 손주 세대는 주 15시간만 일할 것'이라 예견했다(한수경, 2020). 케인스가 말한 이 미래는 단순한 상상이 아니라, 기술 혁신과 생산성 향상이 가져올 노동의 질적 변화에 대한 경제적 예측이었다. 당시 산업 혁명 이후 자본·기술·인프라가 빠르게 축적되는 것을 보며, '생존을 위한 노동'은 점차 줄어들고, 인간은 예술·휴식·철학·공동체에 더 많은 시간을 쓰게 될 것이라고 보았다. 그는 '노동으로부터의 해방'을 인류 진보의 자연스러운 귀결로 간주한다.

그로부터 100년이 가까워진 지금, 현실은 어떤가? 생성형 AI 탄생 이전, 많은 언론과 전문가들은 '케인스의 15시간 노동 예측은 틀렸다'고 예측하기도 했다. 하지만 이는 절반만 맞는 주장이다. 실제로 기술은 예상보다 훨씬 빠르게 발전했다. AI, 로봇, 자동화, 데이터 덕분에 우리는 과거보다 훨씬 적은 시간으로 더 많은 부를 생산할 수 있다. 문제는 노동 시간이 그에 비해 현격히 줄어들지 않은 이유가 기술 부족이 아니라 분배 구조와 경제 권력의 재편 실패에 있다는 점이다. 즉, 기술의 이익이 사회 전체로 재분배되지 않았기 때문에 예측이 빗나간 것처럼 보일 뿐이다.

실제로 지난 수십 년간 노동 생산성은 꾸준히 증가했고, 여러 국가에서 노동 시간 단축을 논의 중이며, 주 4일제를 시행하는 국가들이 늘고 있다. 미래학자들은 일자리 소멸에 따라 인류가 기본 소득(basic income)을 도입할 수밖에 없다고 보고 있다(박영숙 · 제롬 글렌, 2020).

'노동으로부터의 자유'는 자발적 선택이어야지, 실업의 결과여서는 안 된다. 그렇기에 기본 소득이 새로운 해법으로 주목받는다. 모든 국민에게 최소한의 생계 기반을 제공함으로써, 노동을 강요에서 선택으로 전환하는 것, 이것이 기본 소득의 핵심이다. 자동화로 창출된 잉여 가치를 사회 전체가 공유하자는 제안이지만, 재원과 분배 정의를 둘러싸고 합의하기란 쉽지 않다. 기본 소득의 재원으로 로봇세, 데이터세, AI 이용료와 기술 공유 기금 등이 거론되고 있다. 지금은 이를 시민들이 당당하게 요구할 수 있어야 한다.

로봇세는 기업이 노동력을 AI · 로봇으로 대체한 만큼, 그 이득의 일부를 세금으로 환수해 사회적으로 재분배하자는 논리다. 이는 인간 일자리 상실에 대한 보상이다. 국가가 세금으로 기업을 위해 사회 인프라를 조성하는 대신에, 기업은 고용과 세금 납부로 사회적 책임을 다한다. 하지만 '탈고용 시대'에 이 구조가 더는 작동하지 않는 상황에서 로봇세 요구는 정당하다 볼 수 있다.

또한 플랫폼 기업들은 사용자의 행동, 위치, 클릭, 구매 패턴 등에서 엄청난 데이터를 무료로 수집하고, 이 빅데이터를 통해 엄청난 이익을 얻는다. 기업들은 국가의 공공 데이터 개방도 요구하고 있다. 4차 산업 혁명 시대의 원료인 데이터를 생산 · 공급하는 시민들에게 그 수익이 배당되는 것은 정당하다(한수경, 2020). AI는 데이터 없이 작동하지 않으며, 인류가 생산한 데이터 없는 생성형 AI는 존재하지 않는다. 구글이 왜 저작자 · 출판사 · 언론사들과 저작권 문제로 소송 투쟁까지 했는지 알 필요가 있다. 바로 '정보' 때문이다(한수경, 2016). 기업들은 인류가 준 그 혜택에 대한 대가를 시민들에게 되돌려주어야 한다.

그리고 AI 이용료와 기술 공유 기금은 대형 AI 기업의 상업적 모델에 과세하고, 공공의 기술 교육과 사회 안전망 확충에 재투자하자는 제안이다. 각 국가는 AI 기술에 엄청나게 투자한다. AI 기술이 한 국가의 미래를 결정하는 전략 산업이 되었기 때문이다. 그 혜택도 공동체에 돌아가야 한다. 이러한 정책들은 단순한 소득 보전 수단이 아니라, 기술 발전의 혜택을 사회 전체가 공정하게 공유하기 위한 새로운 분배 구조다.

'노동으로부터의 자유'를 누리기 위해선 우선 우리 자신의 정당한 권리부터 찾아야 한다. 일반 시민들은 AI 기술 발전에 가장 크게 공헌한 사람들이다. 인터넷이 탄생한 이후 이용자들은 플랫폼 기업에 끊임없이 정보를 무료로 제공하며, "대부분은 '자발적 무임금-노동'으로 지적 노동 착취를 당하면서도 이를 인지하지 못한다"(한수경, 2020, 70쪽). 이를 통해 데이터와 연산력을 독점한 소수에게 부와 권력이 집중되었다. 시민들은 자신들이 첨단 기술 발전에 어떻게 공헌했는지 깨달아야 한다. 기본 소득은 국가가 주는 시혜적 정책이 아니라, 우리가 헌납했던 '자발적 노동 착취'에 대해, 그리고 데이터 공급자로서 보장받아야 할 마땅한 대가이자 정당한 권리다. 즉, '노동으로부터의 자유'는 권리다!

인간 존재를 다시 묻다

우리는 왜, 무엇을 위해 일하는가? 지능이 복제 · 증폭 가능한 시대에 인간다움은 어디서 비롯되는가? 스스로 설계 · 생산 · 배포하는 AI와 우리는 어떻게 공존할 것인가?

이 질문은 단순히 경제 · 기술 논쟁이 아니라 존재론적 도전이다. '노동으로부터의 해방'은 일을 포기하는 뜻이 아니다. 어떻게 일하지 않는 시간을 인간답게 채울 것인가에 대한 고민이다. 인간은 자신의 정체성을 직업이 아닌 자아, 공동체, 행성, 책임 등에서 찾아야 한다.

산업 혁명 이후 인간은 '노동 비례 소득'이라는 자본주의 체제에서 '노동'과 분리될 수 없는 존재로 살아왔다. 교육정책도 노동력을 제공하기 위한 자본주의 체제의 제도로 정착해 왔다. 인간은 1차 산업 혁명 이후 250년 동안 "인간과 노동력을 동일시하는 습성"(한수경, 2020, 54쪽)에서 벗어나지 못했다. 노예에서 해방된 인간은 공장의 노예인 노동자로 자신의 정체성을 탈바꿈시켰다. 생계를 위한 노동이 어느덧 인간의 정체성이 되어 매일 출근하지 않는 인간은 인간으로서의 가치를 인정받지 못한다.

AI가 우리의 일을 대신하고, 로봇이 인간의 모습으로 인간의 고유 영역을 침범하는 시점에서도 우리는 노동에 대한 욕심을 버리지 못하고 있다. 아직도 많은 이가 '노동의 신성함'을 노래하며, '더 일하고 더 벌어야 한다'는 구시대의 노동 윤리에 묶여 있다. AI 시대에 인간은 노동이라는 굴레에서 벗어나야 한다. 이제 우리는 '무엇을 할 수 있는가?'가 아니라, '무엇으로 인간다움을 회복할 것인가?'를 고민해야 할 것이다.

주제 선정 이유와 핵심 논점

《AI, 산업 혁명의 딜레마》는 산업 혁명의 시계열을 넘어 AI, 양자 컴퓨팅, 특이점이라는 격변의 좌표까지 따라가며, 총 10개의 주제로 독자를 안내한다. 각 주제는 서로 맞물려 '기술-경제-사회-인간'의 다층 퍼즐을 완성하도록 설계되었다. 이를 위해 각각의 조각을 여러 관점에서 선정했다. 즉, 역사적 관성(慣性)과 단절(斷絕)이 교차하는 지점, '딜레마'라는 프레임의 시급성, 기존 연구·서적의 '단층(斷層)' 보완, 정책·거버넌스 논의의 '다학제 통찰', 그리고 '우리는 어떤 인간이 될 것인가'라는 존재론적 질문을 염두에 두었다. 산업 혁명마다 기술은 '생산성의 도약'과 '사회 · 노동 질서의 충격'을 동시에 안겨 주었다. AI와 양자 컴퓨터가 결합한 오늘의 변화는 과거 패턴을 반복하면서도, 인간 지성의 고유 영역까지 넘본다는 점에서 질적 단절을 보여 준다. 필자는 이 연속과 불연속의 경계선을 정밀하게 추적하려 했다.

대다수 담론은 AI를 혁신 또는 위협, 유토피아 또는 디스토피아 한쪽으로만 재단한다. 그러나 현실은 두 극 사이에서 진동하는 복합적 딜레마다. 즉, 노동 해방 이면엔 기술적 실업, 효율성 이면엔 에너지 · 환경 부하, 정보 민주화 이면엔 조작 · 편향 확대 등, 이러한 '이중적 얼굴'을 외면하면 정책 · 윤리 · 교육 해법이 공허해진다.

경제사적 분석은 주로 3차 산업 혁명 이전에서 멈춰 있고, AI 전문 서적은 최신 기술에 집중하느라 산업 혁명의 장기 궤적을 경시한다. 《AI, 산업 혁명의 딜레마》는 거시적 역사 서사와 최전선 기술 분석을 결합해 이 간극을 메우려 시도했다. 케인스의 노동 시간 단축, 슘페터의 창조적 파괴와 기술적 실업, 기본 소득 논쟁, 커즈와일의 경고 등 경제학 · 사회학 · 철학 · 공학을 횡단해 한 권에 집약했다. 이는 정책 입안자, 기업 전략가, 교육자, 시민 모두가 공통의 언어로 토론할 수 있는 기초 자료가 될 것이다.

그리고 AI 5단계 로드맵이 5단계 '조직형 AI'로 진화하면 인간은 노동, 정체성, 가치 창출 방식을 다시 정의해야 한다. 기술 서사 너머에 '인간 존재'가 중심 화두가 되어야 한다는 문제의식이 이 책의 출발점이다.

요컨대, 이 책은 과거 250년 산업 혁명의 긴 파노라마 위에 다가올 AI · 양자 시대의 급격한 미래를 포개어, 지금 우리가 놓인 갈림길의 좌표를 제시하고자 한다. '기술은 어디까지 인간을 대체할 수 있는가?'가 아니라, '이 변화 속에서 인간은 어떻게 존재 의미를 재정립할 것인가?' −그 질문에 답할 인식의 도구 상자를 제공하려는 것이 이 주제를 택한 근본 이유다. 이러한 문제의식을 바탕으로 쟁점이 되는 핵심 주제를 열 개 아이템으로 선정해 다루었다.

첫째, 1차 산업 혁명, 자본주의 탄생이다. 18세기 증기기관이 농경 사회를 공업 사회로 변화시키며 자본가 vs 노동자 계급을 형성한다. 기계와 인간의 첫 경쟁, 자본주의의 발아를 따라간다.

둘째, 2차 산업 혁명, 대량 생산 시대다. 내연 기관과 전기가 탄생시킨 컨베이어 혁명은 대중 소비 사회와 생활의 전기화를 촉발한다. 생산성 신화 뒤에 잠복한 자동화의 씨앗을 짚어 본다.

셋째, 3차 산업 혁명, 인터넷과 정보 혁명이다. 컴퓨터 · 인터넷이 지식의 국경을 허물며 지적 노동의 자동화를 시작한다. 디지털 데이터가 지구를 하나의 거대 연산 공간으로 바꾸는 과정을 분석한다.

넷째, 4차 산업 혁명, 핵심 기술과 발전 속도다. IoT, 빅 데이터, AI 등의 기술이 혼합된 초연결 · 초지능 시대로 1~3차 혁명과 비교해 발전 곡선이 어떻게 지수 함수로 전환됐는지 탐구한다.

다섯째, AI 시대, 인간 노동의 소멸이다. 특이점 도래와 함께 찾아올 전문가 소멸, 직업 공동화, 대량 실업을 성찰한다.

여섯째, AI 보완 존재로서의 인간이다. 창의성까지 추월한 AI 앞에서 인간이 보완적 에이전트로 전락하는 반전을 다룬다. 주체/객체 역전이 던지는 철학적 함의를 모색한다.

일곱째, AI 시대, 거짓과 진실의 경계다. 딥페이크(deepfake)와 생성형 AI로 재편된 정보 생태계에서 신뢰, 검증, 알고리듬 편향 문제가 어떻게 얽히는지 해부한다.

여덟째, AI 로봇의 인격화, AI 정치인의 출현이다. 로봇 시민권, AI 정치 참여 등 '비(非)인간 행위자'의 권리 논쟁을 조명하고, 법 · 윤리 · 민주주의의 재설계를 상상한다.

아홉째, AI 기술 격차와 윤리적 책임이다. 국가 · 기업 · 개인이 겪는 불균형과 뒤늦은 규제의 공백을 짚으며, 기술 발전에 수반되는 윤리 · 책임의 글로벌 거버넌스를 모색한다.

열째, AI 시대, 산업 혁명의 종말이다. '자본가 vs 노동자' 구도가 와해된 이후, 인간 없는 발전과 강제된 해방이 어떤 시스템을 낳을지, 그리고 우리가 선택해야 할 새로운 사회 계약을 전망한다.

이 열 개의 창(窓)을 차례로 통과하면, 독자는 과거 산업 혁명의 궤적에서 AI 발전으로 인간이 필요 없는 세상으로 이어지는 서사를 입체적으로 조망하게 될 것이다. 인간다움의 의미를 찾는 여정 속에서, 이 구성이 든든한 나침반이 되길 바란다.

참고문헌

박영숙·제롬 글렌(2020). 《세계미래보고서 2035-2055》. 교보문고.

이신영(2024.12.28). "30년 안에 인류 결딴날 수도"…'AI 대부' 제프리 힌턴의 경고. 《연합뉴스》. https://www.yna.co.kr/view/AKR20241228036800009?in

put=copy

임대준(2025.8.14). 'AI 대부' 힌튼 "AI 종말 막으려면 모성 본능 탑재해야". 《AI Times》. https://www.aitimes.com/news/articleView.html?idxno=201528

한수경(2016). 《유럽에서 저작권과 구글의 투쟁》. 커뮤니케이션북스.

한수경(2020). "4차 산업혁명 시대, 인간노동의 종말과 대안". 《정치와 평론》, 27, 41~81쪽.

Kurzweil, R.(2005). *The singularity is near.* Viking. 김명남·장시형 옮김(2007). 《특이점이 온다》. 김영사.

Solis, B.(2024.8.6). AInsight: OpenAI defines five stages to track progress toward human level intelligence. briansolis.com. https://briansolis.com/2024/08/ainsights-openai-defines-five-stages-to-track-progress-toward-human-level-intelligence/

01
1차 산업 혁명, 자본주의 탄생

1차 산업 혁명은 증기 기관 기반의 기계화 혁명이다. 기계화는 농경 사회를 공업 사회로 전환한다. 이 과정에서 산업 자본가와 공장 노동자라는 새로운 계층이 형성되고, 계급 갈등이 시작된다. 산업 혁명은 자본주의라는 새로운 경제 체제를 확립하고, 인간과 기계의 경쟁이라는 새로운 노동 환경을 조성했으며, 노동 조건 악화와 빈부 격차 심화 등 다양한 사회 문제를 낳았다.

기후 위기와 인공지능?

증기 기관, 기계화 혁명의 시작

증기 기관의 발전은 1차 산업 혁명의 핵심 동력이다. 18세기 초 영국에서는 광산의 지하수 배수를 위해 동력원이 필요했으며, 이 필요는 1712년 토머스 뉴커먼(Thomas Newcomen)이 최초의 실용 증기 기관을 개발하는 계기가 되었다. 1769년 제임스 와트(James Watt)가 뉴커먼 증기 기관의 효율성을 크게 개선한 증기 기관을 발명하면서 증기 기관은 공장 · 광산 · 운송 등 다양한 분야에 도입되었고, 산업의 판도가 완전히 변화되었다. 특히 와트의 별도 응축기와 회전 운동 장치는 증기 기관의 연속적 동작을 가능하게 하여 대규모 기계화와 공장 생산의 기반을 마련했다(Dickinson, 2022; Earnshaw, 2024.4.12).

증기 기관의 탄생은 기계화 도입과 생산 방식에서 커다란 변화를 가져왔다. 증기 기관은 방적기, 방직기, 펌프, 증기 기관차, 증기선 등 다양한 기계에 동력을 제공하며, 인간과 동물, 수력에 의존하던 기존의 생산 방식을 근본적으로 변화시켰다. '기계화'가 본격적으로 시작되었다.

특히 증기 기관은 방직 기술의 획기적인 발전을 가져왔다. 증기 기관은 역직기(power loom)와 같은 새로운 방직 기계의 동력원이 되어 이전의 수동 직기에 비해 생산 속도와 효율성이 극적으로 향상되었다. 이는 면직물 생산량의 폭발적인 증가를 가져왔고, 영국을 '세계의 공장'으로 만드는 데에 결정적인 역할을 했다.

또한 증기 기관은 육상 운송 수단인 증기 기관차와 해상 운송 수단인 증기선의 발명을 가져왔다. 이는 상품의 이동 속도를 혁신적으로 단축하고, 교역 범위를 확대해 산업 발달을 더욱 촉진했다. 이처럼 증기 기관을 동력으로 하는 다양한 기계의 등장은 수작업 중심의 공방 시스템을 대규모 공장 시스템으로 대체하며 생산 방식을 완전히 탈바꿈시켰다.

또한 기계화는 노동의 성격과 조직 방식에도 심대한 변화를 가져왔다. 전통적인 수공업 사회에서는 장인(artisan)들이 숙련된 기술을 바탕으로 제품의 전 과정을 책임지고 생산했다. 하지만 공장 시스템에서는 분업화, 비숙련 노동의 증가, 노동 규율 등과 같은 노동 패러다임의 변화가 생겨났다.

노동의 분업화로 제품 생산 과정이 여러 개의 세부 작업으로 나뉘고, 각 노동자는 특정 작업만을 반복적으로 수행하게 되었다. 이는 생산 효율성을 높였지만, 노동자들의 작업 만족도 저하와 인간 소외 문제를 야기하기도 했다. 기계 작동은 과거의 숙련된 기술이 요구되지 않기 때문에, 여성과 아동을 포함한 저임금의 비숙련 노동력의 수요가 증가했다. 이 외에도 노동 규율이 강화되었다. 공장 시스템은 정해진 시간에 출근해 정해진 작업을 수행해야 하는 엄격한 노동 규율을 요구했다. 이는 농업 사회의 비교적 자유로운 노동 방식과는 완전히 다른 새로운 형태의 노동 문화를 만들었다.

또한 증기 기관의 발명은 산업 입지의 변화를 가져왔다. 이전에는 물레방아와 같은 수력 시설을 이용하기 위해 강가나 계곡 주변에 공장이 설립되는 경우가 많았다. 하지만 증기 기관은 석탄만 있다면 어디든 동력을 공급할 수 있었기 때문에 더는 자연환경에 얽매일 필요가 없었다. 증기 기관 덕분에 공장들은 인구가 밀집하고 교통이 편리한 도심 지역이나 교통 요지에 자유롭게 건설될 수 있었다. 이는 도시의 성장과 산업 집중을 더욱 강화하는 요인이 되었다. 특히 증기 기관의 주요 연료인 석탄을 효율적으로 공급하기 위해 탄광 주변 지역에 새로운 산업 도시들이 형성되기도 했다.

이처럼 증기 기관의 발명은 단순한 기술 혁신을 넘어 생산 방식, 노동 형태, 산업 입지, 그리고 궁극적으로 사회 전체의 구조를 근본적으로 변화시킨 혁명적인 사건이었다.

농경 사회에서 공업 사회로의 전환

산업 혁명 이전 영국 사회는 농업 중심의 경제 구조였다. 인구 대부분은 농업에 종사하며 생활을 영위했고, 경제 활동의 중심은 농업 생산에 있었다. 그러나 18세기 후반부터 시작된 농업 혁신은 이러한 구도를 근본적으로 뒤흔들었다. 씨앗 파종기, 탈곡기 등 혁신적 농기계 도입과 농업 방식의 변화로 노동력 대비 생산성이 획기적으로 향상되었다(Kordas et al., 2024). 이에 따라 농촌엔 잉여 노동력이 발생하고, 생산성 증대는 인구 증가로 이어졌다. 인구가 늘면서 도시로의 이주가 급증했고, 이는 도시화와 공업화의 기반이 되었다.

농촌에서 일자리를 잃은 대규모 인구는 새로운 기회를 찾아 도시의 공장으로 이동하고, 이는 사회적 · 경제적 구조의 근본적인 변화를 가져온다. 특히, 증기 기관을 동력으로 하는 공장이 들어서는 런던, 맨체스터, 리버풀 등의 도시들은 급격한 인구 증가를 경험한다. 1800년대 초 런던의 인구가 100만 명을 넘어섰고, 맨체스터는 50년 만에 인구가 10배로 늘어났다(Kordas et al., 2022). 이러한 도시들은 산업 혁명의 중심지로 빠르게 성장했으며, 농촌에서 유입된 노동자들의 삶의 터전이 되었다. 하지만 급격한 도시의 팽창으로 인해 주거 환경이 열악해졌고 위생 문제와 범죄율 증가, 아동 노동 등 심각한 사회 문제가 발생했다.

이와 동시에 산업 혁명은 '공장 노동자'와 '산업 자본가'라는 새로운 사회 계층의 등장을 촉진하며 전통적인 신분 질서를 흔들어 놓았다. 공장과 생산 수단을 소유한 산업 자본가 계급은 막대한 부를 축적하며 사회적 영향력을 확대했다. 반면, 노동력을 팔아 생계를 유지하는 공장 노동자 계급은 열악한 노동 환경과 낮은 임금에 시달리며 새로운 사회적 갈등의 주체가 되었다.

이 외에도 대량 생산과 세계 시장의 연결로 경제적 변화가 두드러졌다. 공장제 생산 방식의 보편화는 이전 수공업 시대와는 비교할 수 없는 수준의 상품 대량 생산을 가능하게 했다. 기계의 도입과 분업화는 생산 속도를 높이고, 생산 비용을 절감해 상품 가격을 낮추게 되어 결국 소비가 증가하는 계기가 되었다. 생산량 증가는 국내 시장을 넘어 해외 시장 진출을 가능하게 했다. 증기선과 철도의 발달은 물류 이동을 편리하게 하고, 세계 경제와의 연결을 강화하는 데에 중요한 역할을 했다. 산업 자본가들의 이윤 추구 활동은 자본주의 경제 시스템을 더욱 심화했고, 경제 성장의 동력이 되었다.

농경 사회에서 공업 사회로의 전환은 단순한 경제 구

조의 변화를 넘어 사회 구조, 도시 환경, 노동 방식, 국제 관계 등 사회 전반에 걸쳐 광범위하고 심대한 영향을 미친 역사적인 변혁이다. 이 과정에서 발생한 다양한 사회 문제는 이후 사회 개혁 운동의 중요한 배경이 된다.

자본가와 노동자의 경제적 계급 형성

산업 혁명의 큰 특징 중 하나는 카를 마르크스가 규정한 공장 · 기계 · 자본 등 생산 수단을 소유한 자본가 계급(부르주아지)과 임금 노동자 계급(프롤레타리아트)의 급격한 형성이다. 자본가 계급은 혁신적 기술과 새로운 생산 방식으로 막대한 부를 축적하며 사회의 주도적 세력으로 부상한다. 경제력을 바탕으로 자본가들은 정치적 영향력을 확대해 나가며 자신들의 이익을 대변하는 정책을 수립하고, 사회 전반의 제도와 규범 형성에 중요한 역할을 했다. 과거의 귀족 중심 사회에서 자본가들은 새로운 엘리트 계층으로 자리매김한다.

반면, 농업 사회의 몰락과 공장 시스템의 확산은 노동자 계급이라는 새로운 사회 집단을 형성하게 되었다. 농민, 수공업 장인, 빈민층 등은 도시로 이주해 공장의 노동자가 되었지만, 이들의 삶은 고된 노동과 열악한 환경의 연속이었다. 노동자들은 하루 14~16시간, 주 6일의 장시간 노동에 시달렸으며, 아동과 여성 노동자들의 더욱 심각한 저임금과 차별에 노출되었다(남궁준 외, 2019; Britannica, 2020.9.25). 비위생적 주거 환경은 전염병 확산의 주요 원인이 되었고, 노동자들의 건강을 심각하게 위협했다. 또한 자본가 계급과의 극명한 대비는 그들에게 깊은 박탈감과 사회적 불평등에 대한 인식을 심화했다.

특히 자본가와 노동자 사이의 극심한 경제적 격차와 사회적 불평등은 필연적으로 계급 갈등의 원인이 되었다. 노동자들은 자신들의 권익을 보호하고 노동 조건을 개선하기 위해, 노동조합을 결성하기 시작하며 조직력을 확대해 나갔다. 또한 19세기 중반 영국에서 노동자 계급을 중심으로 정치적 권리 획득을 위한 차티스트 운동(chartist movement)이 전개되었다. 노동자들은 임금 인상, 노동 시간 단축, 노동 환경 개선 등을 요구하며 파업과 같은 노동 쟁의를 벌였다. 이러한 노동 운동은 사회 전반의 지지를 얻으며 노동 조건 개선과 사회 변혁의 원동력이 되었다.

자본주의 탄생, 그리고 인간과 기계의 경쟁

산업 혁명은 단순히 기술적인 변화를 넘어 자본주의라는 새로운 경제 체제가 사회의 근본 원리로 작동하기 시작한 중요한 전환점이 되었다. 특히 애덤 스미스(Adam Smith)는《국부론》(1776)에서 분업의 중요성, 자유 시장 경제 원리 등 자본주의 핵심 개념들을 설명했다. 자본주의 경제 체계의 확립에 중요한 요소인 생산 수단의 사적 소유, 이윤 추구, 자유 경쟁이 허용된다.

토지 · 공장 · 기계 등 생산에 필요한 모든 수단이 개인 또는 사기업의 소유로 인정되면서 자본가들은 자유롭게 투자하고 생산 활동을 조직할 수 있게 되었다. 이는 효율적인 자원 배분과 생산성 향상의 중요한 동력이 되었다.

특히 자본주의 경제의 핵심 동기는 이윤 추구다. 자본가들은 끊임없이 투자와 혁신을 통해 생산성을 높이고, 새로운 시장을 개척해 최대의 이윤을 얻고자 한다. 이러한 경쟁적 이윤 추구 노력은 경제 성장의 중요한 엔진 역할을 했다. 그리고 시장에서의 자유로운 경쟁은 자본주의 경제의 중요한 특징이다. 기업의 자유로운 경쟁은 더 나은 품질의 제품을 더 낮은 가격으로 제공해, 소비자들에게 이익을 제공하는 동시에 산업 전반의 효율성을 높이는 효과를 낳았다.

이러한 자본주의 경제 체제의 확립은 이전의 봉건 경제나 중상주의 경제와는 근본적으로 다른 역동적인 경제 체제를 구축해 지속적인 경제 성장과 발전을 가능하게 했다. 반면, 기계의 본격적인 도입은 노동 시장에 큰 변화를 가져왔고, 인간과 기계 간의 경쟁이라는 새로운 현상이 나타났다. 이는 숙련 노동자의 위기, 단순 반복 작업의 기계화, 그리고 노동 불안정과 저항으로 구체화되었다.

과거 수공업 시대에 중요한 역할을 했던 숙련 노동자들은 새롭게 등장한 기계에 의해 일자리를 잃거나, 단순 반복 작업으로 대체되면서 그들의 기술과 지위가 하락하는 위기를 맞았다. 증기 기관을 동력으로 하는 다양한 기계들은 과거 숙련된 손 기술이 필요한 작업을 빠르고 정확하게 수행할 수 있었다. 이는 생산 효율성을 크게 높였지만, 노동자들에게는 단순하고 지루한 작업을 강요하는 결과가 되었다. 특히 기계의 도입으로 인한 실직의 위협과 임금 하락은 노동자들의 불안감을 증폭했다. 일부 노동자들은 자신들의 생존권을 위협하는 기계에 저항하는 '러다이트 운동(luddite movement)', 즉 폭력적 기계 파괴 운동을 전개하기도 했다. 이는 기술 진보와 사회적 안정이 충돌할 수 있음을 보여 주는 대표적인 사례다.

산업 혁명은 자본주의라는 새로운 경제 체제를 확립하고, 인간과 기계의 경쟁이라는 새로운 노동 환경이 시작되었다. 자본주의 탄생은 경제 성장이라는 빛과 함께 노동자들의 고통과 사회적 불평등 심화라는 그림자를 동시에 드리웠다.

참고문헌

남궁준 외(2019). 《영국 근로시간법제의 변천과 정책의 시사점》(정책연구 2019-16). 한국노동연구원.

이종호(2021.9.4). "자본주의를 탄생시킨 1차 산업혁명". 《월드코리안》. http://www.worldkorean.net/news/articleView.html?idxno=41209

Britannica(2020.9.25). Industrial revolution causes and effects. https://www.britannica.com/summary/Industrial-Revolution-Causes-and-Effects

Britannica(2025.8.23). Industrial revolution. https://www.britannica.com/event/Industrial-Revolution

Cartwright, M.(2023.2.8a). The impact of the British industrial revolution. World History Encyclopedia. https://www.worldhistory.org/article/2226/the-impact-of-the-british-industrial-revolution/

Cartwright, M.(2023.2.8b). The steam engine in the British

industrial revolution. World History Encyclopedia.
Dickinson, H. W.(2022). *A short history of the steam engine*(eBook ed.). Routledge. doi:10.4324/9780429423123
Earnshaw(2024.4.12). Steam power and the industrial revolution: How the steam engine changed the world. https://thomas-earnshaw.com/blogs/the-earnshaw-odyssey/steam-power-and-the-industrial-revolution-how-the-steam-engine-changed-the-world
Faulkner, N.(2011.11.22). A Marxist history of the world part 54: What is capitalism?. Counterfire. https://www.counterfire.org/article/a-marxist-history-of-the-world-part-54-what-is-capitalism/
Kordas, A. et al.(2022). *World history: From 1400*(vol. 2). OpenStax.
Kordas, A. et al.(2024). *Western civilization II.* LOUIS.
Lobley, P.(2019.3.3). Differences between wealthy, middle class and poor in the industrial revolution. The Classroom. https://www.theclassroom.com/differences-between-wealthy-middle-class-poor-industrial-revolution-17180.html
Mohajan, H.(2019). The first industrial revolution: Creation of a new global human era. *Journal of Social Sciences and Humanities, 5*(4), pp.377~387.
Wikipedia “Industrial revolution”. https://en.wikipedia.org/wiki/Industrial_Revolution

02
2차 산업 혁명, 대량 생산 시대

내연 기관과 전기 발명은 공장 운영 체계를 혁신하고, 자동차 대량 생산의 혁명을 가져온다. 포드사의 컨베이어 시스템 도입과 정형화된 단순 노동은 공장의 생산성을 획기적으로 높인다. 자동화와 노동의 효율의 대가는 노동의 인간 소외를 낳는다. 이 대량 생산 시대는 기술 혁신, 생산 방식 변화, 사회 구조 재편, 소비 문화 형성 등 사회 전반에 변화를 가져온다.

노래하는 AI 보컬?

내연 기관과 전기의 발명

19세기 후반에 등장한 내연 기관과 전기 발명은 1차 산업 혁명의 증기 기관을 넘어 산업 생산 패러다임을 근본적으로 변화시킨 핵심 동력이다. 이는 단순히 새로운 기술의 등장을 넘어 에너지 생산, 이동 방식, 생산 공정 전반에 걸쳐 혁명적인 변화를 가져왔으며, 연쇄적 기술 혁신의 시발점이 된다.

고틀리프 다임러(Gottlieb Daimler)와 카를 벤츠(Karl Benz)는 1885~1886년 세계 최초의 실용적인 내연 기관 자동차를 개발했고, 루돌프 디젤(Rudolf Diesel)은 1893년 디젤 엔진을 발명했다(Buchanan, 2025.8.1). 이 엔진들은 기존의 증기 기관보다 작고 효율적이어서 자동차, 트럭, 선박, 농기계 등 다양한 분야에 적용되었다.

내연 기관의 파급 효과는 다음 세 가지로 설명할 수 있다. 첫째는 자동차 산업의 태동과 성장이다. 다임러의 경량 고속 가솔린 엔진 개발은 벤츠의 자동차 발명과 함께 개인 이동 수단의 시대를 열었다. 초기 자동차는 부유층의 전유물이었으나, 대량 생산 방식 도입과 기술 발전을 거치며 점차 대중화되었다. 이는 도로망 확충, 주유소 산업, 부품 제조업 등 연관 산업의 성장을 견인했다.

둘째는 항공 산업의 개척이다. 라이트 형제의 동력 비

행 성공은 가볍고 강력한 내연 기관의 발전 덕분이었다. 초기 항공기는 군사적 목적이나 우편 운송에 주로 활용되었으나, 점차 상업 항공으로 발전하며 장거리 이동의 혁명을 가져왔다.

셋째는 해상 운송의 효율 증대다. 디젤 엔진은 기존 증기선보다 연료 효율이 높고 항속 거리가 긴 선박 개발을 가능하게 했다. 이는 국제 무역량 증가와 물류 비용 절감에 큰 효과가 있었다.

전기 분야에서는 토머스 에디슨(Thomas Edison)이 1879년 백열전구를 발명하고, 1882년 뉴욕에서 세계 최초로 상업용 발전소를 세웠다. 니콜라 테슬라(Nikola Tesla)는 1888년 교류 전동기를 개발해 장거리 송전과 대형 공장과 도시의 전력 공급을 가능하게 했다. 에디슨의 직류 시스템과 테슬라의 교류 전기 시스템 간의 경쟁, 소위 '전류 전쟁'은 공장을 24시간 가동할 수 있게 했다(김종화, 2019.12.2). 또한 전기 조명과 기계화는 생산성을 비약적으로 끌어올렸다.

전기의 발명은 여러 영역에서 혁신적 영향을 미쳤다. 우선 산업 현장에 큰 변혁을 가져왔다. 교류 전기 시스템은 공장 내 동력 전달 방식을 혁신했다. 기존의 증기 동력은 벨트와 샤프트를 통해 동력을 전달해 공장 설계에 제약을 가져왔으나, 전기는 전선만으로 각 기계에 독립적으로 동력 공급을 가능하게 해 공장 설계의 유연성을 극대화하고 생산 효율성을 높였다(Buchanan, 2025.8.1).

또 전기는 일상생활에 큰 변화를 가져왔다. 에디슨의 백열전구 발명과 교류 시스템의 보급은 밤의 어둠을 밝히고, 인간의 활동 시간을 연장했다. 이는 야간 경제 활동 활성화, 문화생활의 다양화 등 사회 전반에 걸쳐 큰 영향을 미쳤다. 또한 냉장고 · 세탁기 · 청소기 등 가정용 전기 제품의 등장으로 가사 노동의 효율성을 높였다. 이는 여성이 사회 활동에 참여하는 데에 계기를 마련해 주었다.

그리고 전기는 통신 기술을 발전시켰다. 전기는 전화 · 라디오 등 새로운 통신 기술 발달의 핵심 기반이 되었다. 이는 정보 전달 속도를 혁신적으로 단축하고, 사회 구성원 간의 연결성을 강화해, 경제 활동의 효율성을 증대했다.

포드 시스템과 컨베이어 벨트

1908년 헨리 포드(Henry Ford)는 '모델 T'를 출시하면서 자동차의 대중화를 선언한다. 하지만 진정한 혁신은 1913년 자신의 공장에 이동식 조립 라인 '컨베이어 벨트

(conveyor belt)'를 도입하면서 시작된다. 포드사(Ford)에 따르면, 이 시스템 덕분에 자동차 한 대 생산 시간을 12시간에서 1.5시간으로 단축했으며, 포드사는 1927년까지 1500만 대 넘게 자동차를 생산해 판매했다. 이러한 혁신은 1914년에 실시한 '5달러 일당제($5 Day)' 정책과 결합했는데, 이는 당시 노동자 평균 임금의 2배에 해당하는 금액이다. 또한 자동차 한 대의 가격이 850달러에서 260달러로 낮아졌다. 이로써 포드사에 대한 노동자들의 충성도를 높이는 동시에, 그들이 생산한 자동차를 직접 구매할 수 있도록 해, 상품의 대량 소비를 촉진했다.

이처럼 헨리 포드의 이동식 조립 라인 도입은 단순한 생산 방식의 변화가 아니라 노동 조직과 관리 철학의 근본적인 혁신을 의미한다. 우선 이러한 혁신으로 생산 공정의 분업화와 전문화가 이루어졌다. 즉, 포드는 자동차 생산 과정을 수많은 세부 공정으로 분할하고, 각 노동자에게 단 하나의 전문화된 작업을 반복적으로 수행하도록 했다. 이는 노동자의 숙련도를 빠르게 향상하고, 작업 속도를 증대하는 효과를 가져왔다. 이는 1776년 애덤 스미스가 《국부론》에서 공장을 예로 들어 '분업이 생산성을 극적으로 향상한다'라고 한 주장을 증명한 사례라

하겠다.

또한 모든 자동차 부품을 규격화하고 호환성을 확보함으로써 조립 과정의 효율성을 극대화했다. 이는 불량률 감소, 수리 용이성, 재고 관리 효율성 향상 등 다양한 이점을 가져왔다. 이러한 표준화 원칙으로 모델 T 자동차는 1500만 대 이상의 최다 판매 기록을 세웠다(Ford, n.d.).

특히 컨베이어 벨트는 작업 속도를 일정하게 유지하고, 노동자가 움직일 필요 없이 부품이 자동으로 이동하도록 설계되었다. 이는 노동 생산성을 극적으로 향상하지만, 노동자들에게는 단순 반복 작업의 지루함과 작업 속도에 대한 압박감을 증가시켰다. 이렇게 포드주의 확산은 생산성을 극대화하는 이점을 낳았지만, 반면 여러 비판에 직면하기도 했다.

포드 시스템은 자동차 산업뿐만 아니라 냉장고, 세탁기 등 다른 제조업 분야에도 빠르게 확산해 대량 생산의 표준으로 자리를 잡았다. 그러나 이러한 노동 효율의 대가는 노동의 인간 소외, 창의성 저하 등 노동의 질적 저하로 나타난다는 비판도 제기되었다. 특히 조립 라인 작업으로 숙련공은 '반복적 단순 노동자'로 전락하고, 그 결과 1913년 포드 공장의 이직률이 370%에 달했다(Ford, n.d.). 이에 포드는 높은 임금을 지급해 노동자들의 불만을 잠재우고 구매력을 높이는 전략을 세웠다. 결국 포드주의 비판은 임금 인상과 8시간 노동제 도입의 계기가 된다.

부의 확산과 소비 문화 등장

2차 산업 혁명의 결과로 나타난 대량 생산과 기술 혁신은 생산량을 증대하고 상품 가격을 낮춰, 이전 시대에는 상상하기 어려운 풍요로운 소비 시대를 열었다. 이미 1929년 미국 가정의 80%가 전기를 사용했으며, 1920년대 미국의 라디오 보급률은 60%에 달했다(Woolf, 1987).

특히 산업 발전의 과실이 점차 노동자 계층에게도 분배되면서 중산층의 규모가 확대되고, 경제력이 향상되었다. 이들은 자동차 · 가전제품 · 의류 등 저렴해진 생산품을 적극적으로 소비하며 새로운 시장의 주역으로 소비 문화를 주도하게 되었다.

이렇게 구매력을 가진 중산층의 확대는 소비 촉진을 위한 전략이 발전하는 계기가 된다. 자동차 · 가전제품 등 고가 제품에 대한 접근성을 높여 소비를 촉진하는 금융 기법의 하나로 '할부 구매'가 등장했다. 신문 · 잡지 · 라디오 등 대중 매체의 발달로, 소비자의 욕망을 자극하고 특정 상품에 대한 선호도를 형성하는 광고 산업이 급성장했다. 또한 백화점의 등장으로 새로운 쇼핑 문화가 생겨났다. 다양한 상품을 한곳에서 편리하게 쇼핑할 수 있는 백화점은 단순한 구매 공간을 넘어 새로운 유행을 창조하고 소비와 여가 문화를 선도하는 역할을 했다.

특히 임금 상승과 8시간(주 48시간) 노동제 확산은 노동자들에게 이전보다 더 많은 자유 시간과 경제적 여유를 안겨 주었다. 이는 영화 · 스포츠 · 유원지 등 다양한 여가 활동에 대한 수요 증가로 이어져 여가 산업을 탄생시켰고, 폭발적으로 성장하게 만들었다. 1927년 세계 최초의 유성 영화 〈재즈 싱어(Jazz Singer)〉의 개봉으로 영화관은 대중문화의 중심지로 자리 잡았다(Pfeiffer, 2025.2.19). 이러한 대중문화의 발전도 소비 사회의 중요한 특징 중 하나였다.

자동화, 기계와 인간의 갈등

2차 산업 혁명 후반기에 본격화된 자동화는 생산 효율성을 극대화하는 동시에 노동 시장에 근본적인 변화와 도전으로 다가왔다.

초기 자동화 기술은 주로 단순하고 반복적인 작업을 수행하는 기계를 중심으로 발전했다. 이는 해당 분야의 숙련 노동자들의 일자리를 감소하거나, 이들을 기계 관리와 유지 보수 같은 새로운 역할로 전화하는 결과를 초래했다.

이미 1920년대에는 자동 공작 기계와 반자동화 설비가 등장해 부품 생산과 조립의 상당 부분을 기계가 담당하게 된다. 자동화에는 생산 속도의 향상, 품질 균일성 확보, 위험한 작업 환경 개선 등 긍정적인 측면도 분명히 존재한다. 하지만 노동자들에게는 새로운 기술 습득의 필요성을 제기하고, 자동화 시스템 관리와 유지 보수라는 새로운 형태의 노동이 요구되었다.

하지만 자동화로 인한 실업 증가 가능성은 노동자들의 불안감을 증폭하고, 사회적인 논쟁과 우려를 불러일으켰다. 또한 기술 발전의 혜택이 사회 전체에 공정하게 분배될 수 있도록 하는 방안에 대한 고민이 시작된 시기다.

기술 혁신에 의한 실업이 증가하는 상황에서 노동자들은 새로운 기술에 적응하기 위한 재교육 요구 이외에도 노동조합을 통해 자신들의 권익을 보호하고자 했다. 이 시기의 노동 운동은 단순한 임금 투쟁을 넘어 기술 변화에 대한 대응과 사회 안전망 요구로 확장되었다.

이처럼 2차 산업 혁명과 대량 생산 시대는 기술 혁신,

생산 방식 변화, 사회 구조 재편, 소비 문화 형성 등 다양한 분야에 걸쳐 상당한 변화를 가져왔다.

참고문헌

김종화(2019.12.2). '에디슨 vs. 테슬라'-①'전류전쟁'의 승자는?. 《아시아경제》. https://www.asiae.co.kr/article/2019112914575884238

안광호(2011.6.17). "37. 포드의 신화와 미국". 《경향신문》. https://www.khan.co.kr/article/201106171625482

이정구(2020). "1930년대의 대불황과 미국의 뉴딜". 《마르크스21》, 34호. https://marx21.or.kr/m/356

이종호(2021.9.11). "제2차 산업혁명이 기술노동 사회 만들어". 《월드코리안》. http://www.worldkorean.net/news/articleView.html?idxno=41299

Abrams, D.(2011). *The invention of the moving assembly line: A revolution in manufacturing*. Chelsea House.

Britannica(2025.8.23). Industrial revolution. https://www.britannica.com/event/Industrial-Revolution

Buchanan, R.A. (2025.8.1). History of technology. Encyclopedia Britannica. https://www.britannica.com/technology/history-of-technology

Detroit Historical Society(*n.d.*). Ford motor company. https://www.detroithistorical.org/learn/online-research/encyclopedia-of-detroit/ford-motor-company

Ford(*n.d.*). Highland park.

https://corporate.ford.com/articles/history/highland-park.html
Kordas, A. et al.(2024). *Western civilization II.* LOUIS.
Lobley, P.(2019.3.3.). Differences between wealthy, middle class and poor in the industrial revolution. The Classroom. https://www.theclassroom.com/differences-between-wealthy-middle-class-poor-industrial-revolution-17180.html
Pfeiffer, L. (2025, 2.19). The Jazz Singer. Encyclopedia Britannica. https://www.britannica.com/topic/The-Jazz-Singer-film-1927
Richmond Vale Academy(2022.5.16). The second industrial revolution: The technological revolution. https://richmondvale.org/second-industrial-revolution/
Wikipedia "Second industrial revolution". https://en.wikipedia.org/wiki/Second_Industrial_Revolution
Woolf, A. G.(1987). The residential adoption of electricity in early twentieth-century America. *The Energy Journal, 8*(2), pp.19~30.

03
3차 산업 혁명, 인터넷과 정보 혁명

20세기 후반, 컴퓨터와 인터넷 기반의 정보 혁명이 도래한다. 인터넷은 인간의 생활 공간을 가상 공간으로 확장하고, 정보를 생산 공유하며 지구촌을 연결한다. 이 디지털 기술로 모든 아날로그 정보는 디지털화하고, 인터넷 플랫폼 기반 새로운 비즈니스가 생겨난다. 이 기술 진보는 단순노동의 대체에 이어 인간의 지적 영역을 침범한다. 사이버 범죄도 증가한다.

인공지능과 편향?

디지털 기술의 발전과 정보화 사회

20세기 후반, 3차 산업 혁명은 컴퓨터와 인터넷의 등장으로 대표되는 디지털 기술 혁신에서 시작되었다. 이 디지털 기술의 발전은 단순한 기술적 진보를 넘어 사회 시스템, 경제 구조, 개인의 삶의 방식까지 근본적으로 변화시키는 거대한 변혁이다. 인간은 시간과 공간의 제약을 벗어나 정보에 접근하고 소통할 수 있는 정보화 사회에 살게 된다.

1970~1980년대 개인용 컴퓨터(PC)가 보급되면서 정보의 저장·처리·분석 능력이 비약적으로 향상되었다. 이전까지 전문가의 전유물로 여겨졌던 컴퓨터 기술은 일반 대중도 배워야 할 필수 사항이 되었다. 워드 프로세서, 데이터베이스 관리 시스템 등 다양한 소프트웨어의 등장은 개인의 문서 작성, 데이터 분석, 정보 관리 능력을 획기적으로 향상했다. 이는 사무 환경의 자동화를 촉진했을 뿐만 아니라 교육, 연구, 개인적인 창작 활동 등 다양한 영역에서 생산성을 증대하는 중요한 도구가 되었다.

무엇보다 1990년대 월드 와이드 웹(WWW) 기술의 등장과 인터넷의 대중적 확산은 3차 산업 혁명에서 가장 혁신적인 변화 중 하나다. 인간의 생활 공간은 현실 세계에서 가상 공간으로 확장되었다. 인터넷은 전 세계인을 실시간으로 연결해, 정보의 자유로운 공유를 가능하게 했다. 이메일을 통한 개인 간 통신, 웹사이트를 통한 정보 접근, 온라인 커뮤니티를 통한 사회적 연결 등 새로운 형태의 정보 유통과 소통 방식이 등장했다. 이로 인해 공간적 제약 없이 정보를 검색하고 공유하며, 전 세계의 지식과 문화에 접근할 수 있는 글로벌 정보 네트워크 구축이 가능해졌다. 이는 '미디어 기술 발전이 전 세계를 하나의 거대한 공동체로 연결한다'라는 마셜 매클루언의 '지구촌(global village)' 개념을 실현한 것이라 볼 수 있다(McLuhan, 1962).

아날로그 정보는 점차 디지털화하기 시작하고, 인터넷 이용자가 증가하는 2000년대 초부터 디지털 정보는 폭발적으로 증가하고, 2007년엔 이미 인류가 생산한 아날로그 정보를 모두 합친 양보다 훨씬 더 많은 양의 디지털 정보를 생산했다(Vastag, 2011.2.10).

특히 산업 구조의 디지털 전환으로 새로운 경제 모델이 부상하기 시작했다. 정보화 시대의 도래는 전통적인 제조업 중심의 산업 구조를 IT, 소프트웨어 개발, 데이터 분석, 정보 통신, 플랫폼 서비스 등의 지식 기반 서비스 중심 산업으로 재편했다. 특히 인터넷 기반의 전자 상거래(E-commerce), 온라인 광고, 디지털 콘텐츠 산업 등 새로운 비즈니스 모델이 등장해 경제 성장의 새로운 동력이 되었다.

디지털 기술은 정부의 행정 서비스를 디지털 공간으로 확장한다. 전자 정부(E-government) 시스템 구축을 통해 온라인 민원 처리, 정보 공개, 정책 참여 등이 쉬워졌다. 사회 시스템의 디지털 혁신으로 인간의 일상에 편의성이 획기적으로 증대되었다.

디지털 기술, 산업과 노동의 재편

3차 산업 혁명의 핵심 동력인 컴퓨터와 인터넷은 산업과 노동 환경을 근본적으로 변화시켰다. 2차 산업 혁명까지의 자동화는 인간의 육체적 단순노동을 대체하는 수준이었다면, 컴퓨터의 등장은 사무 환경을 완전히 변혁시킨 사건이다. 산업 현장과 일터에서 다양한 혁신과 변화가 일어났다.

첫째, 제조업의 혁신과 자동화다. 컴퓨터 기술은 제조 공정의 자동화와 효율성을 극대화했다. 로봇 기술과 결합한 컴퓨터 제어 시스템은 대량 생산 라인의 효율성을 극적으로 향상하고, 위험하거나 반복적인 작업을 대체해 생산성을 증대했다.

둘째, 새로운 산업의 성장이다. 인터넷의 등장은 완전히 새로운 산업 생태계를 창출했다. 소프트웨어 개발, 웹 디자인, 온라인 마케팅, 전자 상거래, 소셜 미디어 플랫폼 등 이전에는 존재하지 않았던 산업들이 급성장했다. 이는 경제 성장의 새로운 동력이 되었으며, 기존 산업과의 융합을 통해 혁신적인 서비스와 제품을 탄생시켰다.

셋째, 서비스 산업의 디지털 전환이다. 금융 · 교육 · 의료 · 유통 등 서비스 산업 역시 컴퓨터와 인터넷 기술을 적극적으로 도입해 변화했다. 온라인 뱅킹, 이러닝 플랫폼, 원격 의료 시스템, 전자 상거래 플랫폼 등은 서비스 제공 방식의 효율성을 높이고 접근성을 향상했다. 특히 인터넷 기반 플랫폼은 공급자와 수요자를 직접 연결해 새로운 비즈니스 모델을 창출하고 시장 경쟁 환경을 변화시켰다.

넷째, 정보 기반 산업의 부상이다. 데이터 분석, 정보 컨설팅, 디지털 콘텐츠 제작 등 정보를 수집 · 분석 · 가공해 새로운 가치를 창출하는 산업이 중요해졌다. 인터넷을 통해 방대한 양의 데이터를 수집 · 분석하는 기술, 빅 데이터는 기업의 의사 결정 과정을 지원하고 새로운 비즈니스 기회를 발굴하는 데에 핵심적인 역할을 한다.

이러한 산업의 근본적인 변화는 노동 환경을 긍정적·부정적 측면에서 크게 변화시켰다. 첫째는 자동화와 일자리 감소다. 컴퓨터와 로봇 기술의 발전은 단순 반복적인 육체노동뿐만 아니라 데이터 입력, 문서 처리 등 일부 사무직까지 자동화해 해당 분야의 일자리가 감소하는 결과를 낳았다. 이는 노동 시장의 구조적인 변화와 함께 새로운 사회적 과제를 던져 주었다.

둘째는 새로운 직업의 등장과 디지털 역량의 중요성이 증대되었다. 자동화로 인해 사라지는 일자리가 있는 반면에 소프트웨어 개발자, 데이터 과학자, 네트워크 엔지니어, 정보 보안 전문가 등 새로운 기술과 지식을 요구하는 직업들이 등장했다. 이는 노동 시장에서 디지털 역량의 중요성을 강조하며, 이로써 노동자들의 지속적인 학습과 기술 습득의 필요성이 더욱 요구되었다.

셋째는 노동 방식의 유연화다. 인터넷과 통신 기술의 발전은 원격 근무, 재택근무 등 유연한 근무 방식을 확산시켰다. 이는 노동자들이 시간과 공간에 제약 없이 업무를 수행할 수 있고, 일과 삶의 균형을 추구하는 데에 긍정적이다. 또한 플랫폼의 등장은 개인의 기술과 지식을 바탕으로 다양한 프로젝트에 참여하고 소득을 창출할 수 있는 새로운 노동 시장을 형성했다.

넷째는 노동 시장의 양극화 심화를 가져왔다. 디지털 기술 활용 능력에 따라 노동 시장 참여 기회와 임금 수준이 양극화되는 현상이 나타났다. 높은 디지털 역량을 가진 노동자에게는 더 많은 기회가 주어진 반면, 그렇지 못한 노동자들은 고용 불안정과 저임금에 직면할 가능성이 커졌다. 이는 사회적 불평등 심화의 한 요인으로 작용하고 있다.

결론적으로 컴퓨터와 인터넷은 산업 전반의 생산 방식, 비즈니스 모델, 시장 구조를 혁신적으로 변화시켰으며, 노동 시장에서는 자동화로 인한 일자리 변화, 새로운 직업의 등장, 노동 방식의 유연화, 디지털 역량의 중요성 증대 등 다양한 변화를 가져왔다. 이러한 변화는 현재 진행 중인 4차 산업 혁명 시대를 이해하는 중요한 토대가 된다.

정보 혁명의 빛과 그림자

인터넷은 3차 산업 혁명의 핵심적 동력으로, 그 이전까지의 아날로그 세상을 디지털 세상으로 변화시켜 사이버 공간이라는 새로운 생활 공간을 창조하고 정보 혁명을 이룩했다. 정보와 지식의 생산 · 공유 · 소비 방식을 혁명적으로 변화시키며 인류 사회에 거대한 영향을 미치고 있다. 그 긍정적인 측면과 함께 간과할 수 없는 역기능 또한 심각한 사회 문제가 되었다.

정보 혁명의 긍정적 측면을 살펴보면, 우선 정보와 지식의 디지털화, 접근성 향상을 꼽을 수 있다. 인터넷은 방대한 양의 정보와 지식을 디지털 형태로 저장하고 공유할 수 있는 플랫폼을 제공한다. 위키백과, 온라인 백과사전, 학술 데이터베이스 등을 통해 누구나 손쉽게 필요한 정보를 검색하고 학습할 수 있게 되었다. 이는 교육의 기회를 확대하고 개인의 지적 성장을 촉진했다. 또한 사이버 공간의 빅 데이터로 새로운 가치를 창출하게 되었다. 인터넷을 통해 생성되는 엄청난 양의 데이터, 즉 빅 데이터는 과거에는 상상할 수 없었던 수준의 정보 분석을 가능하게 한다. 기업은 빅 데이터 분석을 통해 소비자의 행동 패턴을 파악하고 맞춤형 서비스를 제공하며, 과학 기술 분야에서는 새로운 연구 결과를 도출하는 데에 빅 데이터 분석을 활용한다. 이는 경제 성장과 혁신을 위한 중요한 동력이 된다.

또한 소셜 네트워크 서비스(SNS)를 통한 연결과 소통의 확장도 긍정적이다. 트위터, 페이스북과 같은 SNS 플랫폼은 개인 간의 연결을 쉽게 하고 관심사를 공유하는 사람들의 커뮤니티 형성을 지원한다. 이는 사회적 관계를 확장하고 다양한 의견을 교환하며, 공동의 목표를 가진 사람들의 연대를 강화한다.

특히 유튜브 등 콘텐츠 플랫폼을 통한 창작과 공유가 쉬워졌다. 유튜브와 같은 플랫폼은 개인 누구나 콘텐츠를 제작하고 전 세계와 공유할 수 있는 환경을 제공한다. 이는 창의적인 표현의 자유를 확대하고 다양한 분야의 지식과 경험을 공유하며, 새로운 형태의 문화적 소통을 가능하게 한다.

덧붙여 정보 접근의 용이성을 통한 민주주의 발전을 가져왔다. 인터넷은 시민들에게 정부 정책에 대한 정보를 쉽게 얻고 자신의 의견을 표현할 수 있는 공간을 제공한다. 이는 정치 참여를 촉진하고 사회적 이슈에 대한 공론의 장을 형성하며, 민주주의 발전에 긍정적인 영향을 미칠 수 있었다.

인터넷으로 인한 정보 혁명은 역으로 디지털 격차, 정보 격차의 원인이 된다. 정보 접근의 불평등은 단순한 기술적 문제가 아니라, 경제적 · 사회적 기회의 불평등, 교육 격차, 사회적 소외 등 다양한 사회 문제로 이어지며, 사회 전체의 통합과 발전을 저해하는 중요한 요인으로 작용하고 있다.

또한 인터넷은 혁신적 편의와 기회를 제공하는 동시

에 다양한 역기능과 범죄의 온상이 되기도 한다. 사이버 공간의 생활화는 사이버 범죄의 증가를 가져왔다. 인터넷의 익명성과 비대면성은 해킹, 개인 정보 유출, 금융 사기, 랜섬웨어 공격 등 다양한 형태의 사이버 범죄를 증가시키는 요인이 되었다. 이는 개인과 기업의 재산과 안전을 심각하게 위협하고 있다.

온라인 공간에서의 익명성은 또한 타인에 대한 무분별한 비난, 욕설, 허위 사실 유포 등 사이버 모욕과 명예훼손 행위를 조장한다. 이는 피해자에게 심각한 정신적 고통을 야기하고 사회적 관계를 파괴할 수 있다. 인터넷과 SNS는 특정인을 괴롭히거나 위협하는 사이버 스토킹과 온라인 괴롭힘의 도구로 악용되었다. 또한 불법 촬영물 유포, 온라인 그루밍, 디지털 성착취 등 사이버 공간에서의 성범죄도 심각한 사회 문제로 대두되었다. 이는 피해자에게 돌이킬 수 없는 상처를 남긴다.

인터넷 이용으로 생성되는 개인 정보는 해킹이나 부주의로 인해 유출될 수 있고, 이는 보이스 피싱, 스팸 광고, 신원 도용 등 2차 피해로 이어지고 있다. 가상 공간에선 또한 가짜 뉴스와 허위 정보의 확산이 쉽다. 인터넷과 SNS는 사실에 기반하지 않은 가짜 뉴스나 허위 정보가 빠르게 확산하는 통로가 되기도 한다. 이는 사회적 혼란을 야기하고 여론을 왜곡하며, 민주주의의 근간을 흔들 수 있는 심각한 문제다.

이 외에도 온라인 쇼핑 사기, 투자 사기 등 인터넷을 이용한 다양한 형태의 사기 범죄가 발생하고 있다. 이러한 범죄는 경제적 피해뿐만 아니라 정신적인 피해까지 더해져 문제가 심각하다.

인터넷으로 인한 정보 혁명은 인류 사회에 엄청난 편의성과 기회를 제공했지만, 그와 동시에 새로운 형태의 범죄와 사회적 문제를 촉발했다. 긍정적인 측면을 최대한 활용하고 역기능을 최소화하기 위한 개인의 노력과 사회적인 대응책 마련이 중요한 과제가 되었다.

참고문헌

인터넷윤리실천협의회(2012). 《인터넷 윤리》. 이한미디어.

한국보안윤리학회(2017). 《4차 산업혁명 시대의 인터넷 윤리》. 이한미디어.

한수경(2016). 《유럽에서 저작권과 구글의 투쟁》. 커뮤니케이션북스.

한수경(2020). "4차 산업혁명 시대, 인간노동의 종말과 대안". 《정치와 평론》, 27, 41~81쪽.

한수경(2023). 《비대면 커뮤니케이션 환경에서 디지털 성범죄와 그 심각성》. 이새의 나무.

McLuhan, M.(1962). *The Gutenberg galaxy*. University of Toronto Press.

Vastag, B.(2011.2.10). Documenting the 'digital age': Study charts huge growth in computing capacity. *Washington Post.* https://www.washingtonpost.com/national/documenting_the_digital_age_study_charts_huge_growth_in_computing_capacity/2011/02/09/ABHQqiF_story.html

04
4차 산업 혁명, 핵심 기술과 발전 속도

4차 산업 혁명은 과거와 달리 기하급수적 · 비선형적으로 변화한다. 초연결, 초지능, 융합, 자율성을 특징으로 한 21세기의 산업 혁명으로 현재 진행 중이다. IoT/IoE, AI와 빅 데이터, 클라우드, 로봇 공학, 블록체인 등 다양한 기술이 상호 작용하며 시너지 효과를 낸다. 이러한 기술 간의 융합과 상호 작용으로 그 발전 속도가 예측 불가능하다.

청각장애인과 AI?

4차 산업 혁명의 핵심 기술

'4차 산업 혁명(industry 4.0)'이라는 개념은 2010년 독일의 '하이테크 전략 2020'의 10대 프로젝트 중 하나로 처음 소개되었다. 이는 제조업 분야에 정보 통신 기술을 융합시키는 단계, 사이버 물리 시스템(cyber-physical system, CPS)을 의미한다. 이러한 융합은 에너지, 도시, 교통, 보건 등 분야에 적용되며, 스마트 공장(smart factory), 스마트 시티(smart city), 스마트 그리드(smart grid) 등의 용어가 함께 등장한다(한수경, 2020; MacDougall, 2014).

이후 2016년 다보스에서 열린 세계경제포럼에서 클라우스 슈바프(Klaus Schwab)가 4차 산업 혁명 개념을 제시하면서 확산한다. 이 개념은 물리적 · 디지털 · 생물학적 공간 간의 경계가 사라지고 이들 기술이 융합함으로써 나타나는 새로운 산업 패러다임을 의미한다(한수경, 2020).

4차 산업 혁명의 핵심 기술에는 사물 인터넷(IoT)/만물 인터넷(IoE), AI, 로봇 공학, 블록체인, 클라우드 컴퓨팅, 가상 현실(VR)/증강 현실(AR) 등 첨단 기술이 포함된다. 이 기술들의 결합으로 산업과 사회에 지대한 영향을 미치고 있다.

IoE, 곧 만물 인터넷(internet of everything)은 사물

인터넷을 확장한 개념으로, 사람 · 사물 · 데이터 · 프로세스 등이 실시간으로 연결되어 상호 작용하며 가치를 창출하는 초연결 환경을 의미한다. 만물 인터넷은 단순히 사물과 사물 간의 연결을 넘어 사람과 시스템 간의 상호 작용까지 포함한다. 또한 센서 기술, 5G 통신망, 에지 컴퓨팅, 클라우드 인프라 등이 기반 기술로 활용된다.

이는 스마트 시티, 스마트 공장, 스마트 헬스케어 등 다양한 분야에서 혁신적인 변화를 가져왔다. 스마트 시티는 교통, 에너지, 공공 안전 등을 실시간으로 관리한다. 스마트 공장은 산업 분야에서 기계 설비가 데이터를 실시간으로 분석하고, 스스로 유지 · 보수까지 수행할 수 있다. 스마트 헬스케어는 웨어러블 기기들이 생체 정보를 실시간으로 수집하고, 이를 의료 시스템에 전달하는 방식으로 개인화된 건강 관리가 이루어진다.

또한 AI는 데이터 기반의 알고리듬을 통해 인간의 지능을 모방하고 대체한다. 즉 컴퓨터가 인간의 사고방식, 즉 학습 · 추론 · 인식 · 판단 등을 모방하거나 대체하는 기술로, 빅 데이터를 기반으로 한다. AI는 머신 러닝(machine learning), 딥 러닝(deep learning), 자연어 처리(NLP) 등을 포함하며, 학습 기반의 알고리듬이 핵심이다. 빅 데이터는 이미지, 음성, SNS 등 비정형 데이터를 포함하는 방대한 양의 정보를 의미한다. 특히 빅데이터는 AI의 학습 기반으로 작용해 정교한 의사 결정과 예측을 가능하게 한다. 예를 들어, 의료 영상 분석, 자율주행 차량의 상황 판단, 금융 위기관리 등이 이에 해당한다.

이 외에 로봇 공학, 블록체인, 증강 현실, 가상 현실, 유전체 편집 등의 기술은 개별적으로도 강력하지만, 융합될 때 파급력이 극대화된다. 이들은 제조업뿐 아니라 교육 · 의료 · 행정 · 농업 등 사회 전반에 영향을 미친다.

로봇 공학 분야에서는 자율 로봇, 협업 로봇 등이 개발되어 인간과 협업하거나 독자적으로 작업을 수행한다. 실례로 현대자동차, 삼성전자 등 제조업 분야에서 로봇이 조립과 품질 검사에 적용되고 있으며, 아마존은 물류센터에 로봇을 도입해 상품의 선별 · 분류 작업을 자동화한다.

블록체인은 분산 원장 기술로 중앙 서버 없이 데이터의 위 · 변조가 거의 불가능한 암호화 기술로 보안의 신뢰성을 강화한다. 블록체인 기술은 비트코인과 같은 암호 화폐를 탄생시키며, 가상 자산의 위치를 획득한다. 이러한 보안의 장점은 가상 자산 거래 · 송금 등 금융 시스템에 활용된다는 것으로, 한 예로 암호 화폐 리플은 블록체인 기반 결제 시스템을 제공한다. 또한 이더리움은 부동산 중개 시 스마트 계약을 가능하게 한다. 이처럼 블록체인 기술은 부동산 등기 이외에 투표 시스템, 건강 기록 관리 등 공공 행정에도 활용되며, 분쟁이 많은 저작권 관리 등에도 적용된다.

가상 현실은 사용자가 완전히 가상 공간에 몰입하는 기술로 메타버스 기반의 협업, 교육, 군사훈련 시뮬레이션에 활용된다. 반면, 증강 현실은 가상과 현실 세계가 겹치는 기술로 '포켓몬 GO' 증강 현실 게임이나 이케아(IKEA) 등 가구점 앱에서 가구 배치 등에 적용되고 있다.

이러한 첨단 기술들이 다양하게 융합되어 교육 · 농업 · 행정 · 국방 등 사회적 활용도가 극도로 높아진다. 즉, AI와 VR 기술을 적용해 몰입형 개인 맞춤형 교육이 가능하다. 또 드론, 사물 인터넷, AI 기술을 융합해 스마트 팜(smart farm), 병충해 감지 등 농업에서 활용한다. 블록체인 기술과 디지털 신분증은 공공 행정의 투명성을 더욱 높일 수 있다. 로봇 병력, 사이버 전쟁 대응 시스템으로 국방에 활용되기도 하는데, 윤리적 문제가 뒤따르기도 한다.

4차 산업 혁명의 특성

4차 산업 혁명의 특징은 IoT, 빅 데이터, AI, 로봇 등 첨단 기술이 융합된 초연결 · 초지능 사회로, 인간의 개입을 최소화하는 자동화와 지능화다. 즉, 단순히 하나의 신기술 등장에 그치지 않고, 다양한 첨단 기술이 상호 작용하며 인간의 일상, 경제 체계, 사회 구조까지 근본적으로 변화시킨다는 점에서 과거 산업 혁명과 차별화된다. 이 혁명은 기존 산업 혁명들과는 다른 뚜렷한 특성을 나타낸다.

첫째 특징은 초연결성(hyperconnectivity)이다. 이는 사물 인터넷을 넘어선 만물 인터넷 기술을 통해 사람 · 사물 · 데이터 · 프로세스 등이 상호 연결되어 실시간으로 정보를 주고받고 상호 작용하는 환경을 조성한다. 즉, "모든 디바이스를 디지털화해, 종국엔 인간의 모든 생활 공간이 인터넷으로 연결되는 만물 인터넷 세상을 구현한다"(손병호 외, 2017). 스마트 홈, 스마트 시티, 지능형 제조 시스템 등이 그 대표적 사례들이다.

둘째 특징은 초지능화(superintelligence)다. 빅 데이터와 AI의 융합을 통해 자율 학습과 고도화된 의사 결정 시스템이 가능해지고 있으며, 이는 인간의 사고 능력을 보조하거나 일부 영역에서는 대체할 수준에 이르고 있다. 실례로 2016년 구글의 인공지능 알파고(AlphaGo)는 한국 바둑 고수 이세돌과 겨루어 승리했으며, IBM의 왓슨(Watson)은 인간과의 퀴즈 대결에 승리하면서 인공지능 시대가 도래했음을 알렸다(한수경, 2020). 챗GPT(ChatGPT)와 같은 생성형 AI(generative AI) 기술은 산업 구조의 혁신과 초지능화를 더욱 앞당겼다.

셋째 특징은 융합화(convergence)다. 이는 초연결성과 초지능화를 기반으로 사람과 사물, 기술과 기술, 산업과 산업 간의 경계가 사라지는 대융합의 시대를 의미한다. 이러한 기술과 산업의 융합은 경제 구조와 사회 시스템 전반에 걸쳐 혁신을 가져온다(손병호 외, 2017; 한수경, 2020)

넷째 특징은 자율화(automation)다. 이는 시스템이 인간의 개입 없이도 자체적으로 판단하고 제어하는 능력을 갖춘다는 것을 의미한다. 자율 주행 차량, 자동화된 물류 시스템, 스마트 공장 등이 이를 실현하고 있으며, 인간의 노동력을 대체하거나 효율화하는 쪽으로 진화한다.

이러한 특성은 단순한 기술 혁신을 넘어, 사회적 · 경제적 구조 전반의 재편을 의미하며 미래 사회의 패러다임 전환을 요구하고 있다.

4차 산업 혁명과 기존 산업 혁명의 차이

4차 산업 혁명의 발전 속도는 이전의 산업 혁명 시대와는 비교할 수 없을 정도로 기하급수적이며, 예상을 뛰어넘는 속도로 사회의 전 영역에서 영향을 미치고 있다. 1~3차 산업 혁명과 현재 진행되는 4차 산업 혁명의 발전 속도와 특징들을 비교하면 다음과 같이 간략히 요약할 수 있다.

1차 산업 혁명

증기 기관을 기반으로 18세기 후반부터 약 80년간 점진적으로 진행되었다. 주로 수공업에서 방직기 등의 기계 생산으로의 전환을 가져왔으며, 기계화 혁명으로 공업화 시대를 열었다.

2차 산업 혁명

전기와 대량 생산의 시대로 19세기 후반부터 약 70년간 점진적으로 진행되었으며, 대량 생산과 전기를 통한 산업 전반의 고도화가 이루어졌다. 또한 도시화와 세계화의 가속화가 이루어진 시기다.

3차 산업 혁명

컴퓨터와 인터넷을 기반으로 20세기 후반부터 약 40~50년간 진행되었으며, 정보의 디지털화와 글로벌 네트워크 구축이 핵심이다. 정보화 · 자동화 · 디지털 사회로 전환되는 시기로, 아날로그 방식의 2차 산업 혁명과는 완전히 구분되며 4차 산업 혁명의 토대가 된다.

4차 산업 혁명

초연결 · 초지능 기술을 특징으로 한 21세기의 산업 혁명으로 현재 진행 중이다. IoT/IoE, AI와 빅 데이터, 클라우드, 로봇 공학, 블록체인 등 다양한 기술이 상호 작용하며 시너지 효과를 내는 기술 융합이 특징이다. 이러한 기술 간의 융합과 상호 작용으로 그 발전 속도가 예측 불가능할 정도로 빠르다. 이는 한 가지 기술의 발전이 다른 기술의 발전을 더욱 가속하는 연쇄 작용을 일으켜 변화의 주기를 단축하기 때문이다. 과거 수십 년에 걸쳐 일어났던 변화가 이제는 수년 또는 몇 달 만에 일어나는 양상을 보인다.

위에서 살펴본 바와 같이 1~3차 산업 혁명과 4차 산업 혁명은 변화의 속도, 변화의 범위와 깊이, 사회적 수용 속도와 충격, 그리고 기술의 융합과 파급력에서 비교할 수 없을 정도로 차이가 크다.

1~3차 산업 혁명의 변화는 주로 선형적 · 점진적으로 진행되었으며, 생산 방식, 에너지, 정보 처리 등 한정된 영역에서 변화가 일어났다. 증기 기관, 전기, 컴퓨터 등 핵심 기술이 사회에 점진적으로 확산하며 오랜 기간에 걸쳐 산업과 사회를 변화시켰다. 따라서 사회가 기술 혁신을 수용할 수 있었다(김준래, 2017.3.23; 안재후, 2017.12.6).

반면, 4차 산업 혁명은 기하급수적 · 비선형적 속도로 변화가 일어나고 있다. 특히 AI, 빅 데이터, 로봇, IoT 등 첨단기술이 융합되면서 기술 혁신과 사회 변화가 단기간 안에 전방위적으로 확산한다. 이에 따른 변화의 속도와 파급력은 거의 모든 산업과 사회에 영향을 미치며, 그 변화의 범위와 깊이도 상상을 초월한다. 다시 말해, 산업 구조, 일자리, 사회 시스템, 문화 등 전방위적이고 근본적인 변화가 동시다발적으로 일어난다. 이 변화의 속도가 너무 빨라 사회가 적응하기도 어려워 고용 · 제도 · 교육 등 다양한 분야에서 문제가 발생한다(김준래, 2017.3.23; 박진혁, 2017; 안재후, 2017.12.6).

이러한 전례 없는 발전 속도는 사회 전반에 걸쳐 빠르

게 대변혁을 요구하며, 새로운 기회와 함께 윤리적 · 사회적 · 경제적 도전으로 다가온다.

참고문헌

김준래(2017.3.23). ""한국 4차혁명 적응 순위는 25위"". 《사이언스타임즈》. https://www.sciencetimes.co.kr/nscvrg/view/menu/248?searchCategory=220&nscvrgSn=162325

박진혁(2017). "현실이 된 '4차 산업혁명', 변화의 속도 따라잡아야 살아남는다". 《노동법률》, (310), 60~63쪽.

손병호 외(2017). 《4차 산업혁명 대응을 위한 주요 과학기술혁신 정책과제》(Issue Paper 2017-04). 한국과학기술기획평가원.

안재후(2017.12.6). "변화의 속도는 점점 더 빨라지고 있다". 《서울경제》. https://www.sedaily.com/NewsView/1OOR1MCB6R

이신혜(2021.2.27). "4차 산업혁명, 기존의 산업혁명과 무엇이 다를까?". 《CWN》. http://cwn.kr/article/1795645179 36823

조정훈(2017.3.7). "4차 산업혁명과 속도의 시대". 《전기저널》. http://www.keaj.kr/news/articleView.html?idxno=1291

한수경(2020). "4차 산업혁명 시대, 인간노동의 종말과 대안". 《정치와 평론》, 27, 41~81쪽.

MacDougall, W.(2014). *Industrie 4.0: Smart manufacturing for the future*. Germany Trade & Invest.

05
AI 시대 인간 노동의 소멸

생성형 AI의 발전은 '기술적 특이점' 시기를 앞당긴다. 인간 지능을 넘어서는, 인간이 더는 이해할 수 없는 기술의 도래는 전문가 소멸 시대를 의미한다. 직업의 공동화 현상, 대량 실업 사태의 심각성, 그리고 기술 진보의 결과인 인간 소외를 낳는다. AI 기술 발전은 효율성의 극대화로 자동화와 무인화를 가속한다. 이런 인간 노동 소멸은 단순한 기술적 변화가 아닌 문명적 전환점이다.

AI 콘텐츠 크리에이터?

기술적 특이점

기술적 특이점(technological singularity)은 AI가 인류의 모든 지능을 뛰어넘는 순간이며, 인간 지능을 초월해 인간이 더는 이해할 수 없는 수준으로 발전하는 시점을 의미한다(Kurzweil, 2005/2007). 이 시기가 도래하면 AI는 스스로 개선하고 진화시킬 수 있어, 기술 발전 속도가 인간의 예측과 통제를 벗어나게 된다.

인공지능 과학자이자 미래학자인 레이 커즈와일(Ray Kurzweil)은 《특이점이 온다(The Singularity is near)》(Kurzweil, 2005/2007)라는 저서에서 기술 발전이 인간의 지능을 초월하는 순간인 '특이점'이 도래할 것으로 예견했다. 그는 AI, 생명 공학, 나노 기술의 기하급수적 발전이 인간의 신체적·지적 한계를 뛰어넘을 것이며, 2029년엔 AI 수준이 인간의 지능에 도달하고, 2045년을 인간과 기계가 완전히 융합하는 특이점 순간으로 예측했다.

약 20년 후인 2024년에 커즈와일은 《마침내 특이점이 시작된다(The Singularity is nearer)》(Kurzweil, 2024/2025)라는 후속 작품을 출간하며, 자신의 예측이 실현되고 있음을 보여 주고 있다. 그는 AI의 급속한 발전으로 뇌와 기계의 인터페이스, 생명 공학의 융합을 통해 인간과 기계의 경계가 더욱 모호해진다고 주장한다. 그는 최근 생성형 AI 상용화, 뉴럴링크(Neuralink) 등의 기술 진보가 그의 예측을 구체화한다고 보고 있다.

일부는 커즈와일이 주장한 특이점의 시기를 기술적 장애로 인해 더 늦은 시기로 예측하거나 아예 불가능할 것으로 주장하는 이들도 있다. 하지만 최근 GPT-4, GPT-5와 같은 생성형 AI의 급속한 발전으로 인해 커즈와일의 예측보다 더 앞당겨진 2030년대 초반에 특이점이 도래할 가능성도 제기되고 있다.

특이점 도달에는 특정 분야에만 특화된 기존의 약한 인공지능과 달리 인간과 같은 수준의 지능을 가진 강한 인공지능인 '인공 일반 지능(artificial general intelligence, AGI)'의 구현 여부가 핵심 변수가 된다. 즉, AGI는 인간처럼 학습, 추론, 문제 해결을 할 수 있는 AI를 의미하는데, 현재 생성형 AI(예로 GPT-4, Claude 3 등)는 아직 AGI에 도달하지 못했다고 평가된다. 커즈와일은 2029년에 AGI가 구현될 것으로 보고 있으나 일론 머스크(Elon Musk)는 이보다 앞선 2025년에 AI가 개별 인간보다 더 똑똑해지고, 2029년에 모든 인간을 합친 것보다 더 똑똑해지는 특이점에 더 빨리 도달할 것으로 예측한다(Kudalkar, 2024.3.19).

기술적 특이점에 도달한다는 것은 곧 초인공지능(artificial superintelligence, ASI), 즉 인간의 지능을 뛰어넘는 수준의 AI가, 인간의 모든 분야에서 사고력, 창의력, 문제 해결 능력 등 인간의 모든 지능을 초월한 인공지능이 등장한다는 것이다. 이를 통해 인간이 상상하지 못했던 질병 완치, 환경 문제 해결, 우주 탐사 등에서 엄청난 발전을 가져올 수 있다. 특히 양자 컴퓨터의 등장은 AI 기술과 결합하여 ASI로의 발전을 가속하는 핵심 촉매가 될 것이며, 결국 기술적 특이점의 시기를 훨씬 앞당길 것이다.

기술적 특이점의 도래는 이렇게 인간의 이해를 넘어서는 ASI의 도래를 의미하는데, 이는 곧 ASI가 인간의 가치와 목표를 따르지 않는 통제 불가능한 존재가 될 수 있다는 위험성도 내포한다. 왜냐하면 특이점 이후의 AI는 스스로 학습하며 자기 진화한다. 즉, AI는 인간의 개입이 없이도 새로운 기술과 지식을 창출하는데, 이로 인해 기존의 전문가 집단 혹은 인간 중심의 의사 결정 구조가 의미를 상실할 수 있다. 이는 결국 전문가 소멸, 인간 중심 사회의 해체 등 근본적인 사회 구조의 변화를 초래할 수 있다. 또한 기술적 특이점에 도달하면 사회 · 경제 · 문화 등 전방위적 변화가 순식간에 일어날 수 있다.

직업의 공동화 현상

4차 산업 혁명의 도래와 함께 AI와 자동화 기술의 발전은 노동 시장에 근본적인 변화를 가져오고 있으며, 이는 특정 직업의 소멸을 넘어 직업 공동화 현상(job polarization)을 심화하고 있다. 과거에는 주로 단순 반복 노동이 자동화의 위협에 노출됐지만, 이제는 고도의 지식과 판단력을 요구하는 전문직 영역까지 AI의 영향권 아래 놓이면서 노동 시장 전반에 걸쳐 불안감이 확산하고 있다.

대니얼 서스킨드(Daniel Susskind)는 기술 발전과 자동화의 영향으로 양쪽 끝단의 노동은 증가하고, 중간층의 노동자 임금과 고용은 낮아지는 직업의 양극화와 공동화 현상에 대해 경고한다(Susskind, 2020). 그는 AI와 자동화가 단순 반복 업무뿐만 아니라 전문직까지 대체한다고 주장한다.

서스킨드는 특히 직업의 양극화에 대해 기술 발전이 고숙련 직업과 저숙련 직업 간의 격차를 확대한다고 분석한다. 즉, 자동화로 인해 중간 수준의 직업이 점차 사라지고, 고숙련 전문가와 저숙련 노동자 간의 임금 격차가 더욱 벌어지는 현상이 발생한다. 이는 노동 시장에서 중간층 직업이 감소하고 고소득층과 저소득층 간의 경제적 불평등이 심화하는 결과를 초래한다(김태훈, 2022. 6.22; Susskind, 2020).

특히 직업의 공동화 현상은 특정 산업이나 지역에서 일자리 자체가 사라지는 현상을 의미한다. 리처드 서스킨드(Richard Susskind)와 대니얼 서스킨드는 자동화와 인공지능이 전통적인 직업을 대체하면서 일부 직업군이 공동화될 수 있다고 경고한다(Susskind & Susskind, 2016). 특히 반복적인 업무를 수행하는 직업 이외에도 법률, 의료, 교육 등 전문직도 영향받을 수 있다고 주장한다.

저자들이 주장하는 이러한 직업의 공동화 현상은 이미 현실에서 증명되고 있다. 즉, 단순 반복 직군인 계산원, 데이터 입력, 회계 보조 등 정형화된 업무는 AI로 대체되고 있다. 2025년까지 전 세계적으로 2600만 개의 일자리가 소멸할 전망이며(잡코리아, 2025.4.28), IBM은 이미 7,800명의 단순 사무직을 AI로 대체했다(김인엽, 2023.5.2). 또한 지식 기반 직종에선 방대한 데이터 분석이 필요한 법률 조사, 의료 진단, 금융 분석 분야에서도 AI가 인간을 압도한다.

소멸하는 직업 대신에 AI 전문가, 머신 러닝 전문가, AI 개발·운영·관리자, 데이터 분석가, 사이버 보안 전문가 등의 고숙련 직종이 증가했다(잡코리아, 2025.4.28). 하지만 이는 전체 일자리의 일부에 불과하고, 대다수 근로자는 기술 격차로 신직종 진입에 한계를 느낄 수밖에 없다. 또한 급격히 변화하는 노동 시장에 적응하기란 쉽지 않다.

대량 실업과 사회적 충격

주요 국제 기구와 경제 전문가들은 AI와 자동화 기술로 인한 대량 실업의 가능성을 강력하게 경고하고, 전례 없는 일자리 소멸을 예측한다. 이러한 전망은 단순한 예측을 넘어, 이미 진행 중인 변화의 흐름을 반영하고 있다.

세계경제포럼(WEF)은 2025년까지 8500만 개의 일자리 소멸을 전망하며, 골드만삭스는 생성형 AI가 3억 개의 정규직에 영향을 미칠 것으로 예측한다. IBM은 5년간 업무 지원 종사자 30%를 AI와 자동화로 대체한다고 예고했고, 700명 일이 50명이면 충분하다는 견해를 내놓았다(김인엽, 2023.5.2).

마이크로소프트는 2025년 5월 약 6,000명 감원에 이어, 7월에 9,000명을 추가로 감원했다. 감원의 배경은 AI 인프라에 800억 달러를 투자하기 위한 조직 재편이며, 기존 구조를 AI 중심으로 효율화하는 전략적 조치다(Kasanmascheff, 2025.6.19; Mathur, 2025.6.25.; News18, 2025.6.19; 박찬, 2025.11.2).

이렇게 2025년 들어 글로벌 IT 기업들은 AI 중심 전환에 따라 대규모 인력 감축을 단행하고 있다. 빅 테크 기업들은 이미 2025년 상반기 기준 75,000명이나 감축한 상황이다(Kasanmascheff, 2025.6.19). 아마존 회장인 앤드루 R. 재시(Andrew R. Jassy)는 “AI 도입으로 인해 향후 몇 년간 기업 인력이 줄어들 것”이라고 공식적으로 밝히기도 했다(News18, 2025.6.19). 2025년 출시된 GPT-5는 추론, 멀티모달 작업과 다양한 전문 분야에서의 정확도와 성능이 크게 향상되었다. 특히 코딩 성능도 뛰어나 빅 테크 업계의 인력 감축은 예견된 결과다.

생성형 AI 확산의 충격은 단순히 일자리 소멸을 넘어 기존 직업의 소멸로 이어질 수 있음을 시사한다. 특히 변호사 · 작가 · 프로그래머 등 과거 인간의 고유 영역으로 여겨졌던 지식 노동 직종도 AI의 영향권 아래 놓이면서 화이트칼라 직무의 자동화가 가속화될 것으로 보인다.

더욱 심각한 경고는 기술적 특이점이 도래하는 2030년 이후로 실업률이 20% 이상으로 치솟을 가능성까지 제기되고 있다(goover, 2025.4.2). 이는 단순히 경기 침체로 인한 실업을 넘어선 구조적이고 항구적인 실업 상태를 의미할 수 있다. 이러한 상황은 전례 없는 사회적 · 경제적 혼란을 초래할 수 있다.

AI 시대는 대량 실업 사태와 더불어 경제적 양극화의 심화를 불러올 우려가 크다. 이는 AI 기술의 혜택이 일부 소수에 집중되는 '승자 독식' 사회의 가속화가 예고되기 때문이다. 즉, AI 기술을 독점한 글로벌 빅 테크 기업과 고숙련 인력의 독점적 지위가 강화되는 반면, 중간 계층과 저숙련 계층은 실업과 소득 감소로 몰락에 직면한다. 이는 부의 집중이 가속화되는 것으로 이어져 상위 1%의 소득 점유율 50%를 돌파하는 극단적 불평등이 예견되기도 한다.

AI와 자동화 기술의 확산은 국가 간의 경제적 격차를 더욱 심화할 것으로 보인다. 선진국과 개발 도상국 간의 AI 기술 도입 · 활용 능력 차이가 실업 충격의 강도를 결정할 것이기 때문이다. 선진국은 AI 인프라 투자, 사회안전망, 재교육 등이 상대적으로 잘 갖춰져 실업 충격에 대한 완충 능력이 높다.

반면, 제조업에 의존해 온 방글라데시 · 베트남 등 개발 도상국은 훨씬 심각한 위협에 직면해 있다. 저숙련 노동력을 활용하는 제조업 공장이 AI와 로봇에 의해 자동화되면서 주요 산업 기반이 무너지고, 이로 인해 대량 실업이 불가피해질 수 있다. 2030년까지 이들 개발 도상국에서 훨씬 많은 일자리가 사라질 것으로 예측되어 사회에 미칠 파장을 가늠할 수 없다. AI 기술 혁신은 국가 간 불평등 확대로 이어져 심각한 도전이 되고 있다.

기술 진보와 인간 소외

4차 산업 혁명의 AI 기술 발전은 물질적 풍요와 효율성을 극대화하는 동시에, 인간의 존재론적 질문과 관련된 심각한 사회적 문제를 야기하고 있다. 기술 진보의 그림자로 인간 소외 현상이 표면화되면서 노동의 의미, 사회적 관계, 심지어 '인간다움'의 정의까지 흔들리고 있다.

과거의 산업 혁명은 주로 육체노동의 자동화를 통해 인간의 단순 반복 작업을 대체하는 역할을 했다. 그러나 4차 산업 혁명 시대의 AI는 이러한 패러다임을 넘어 인간의 고유 영역으로 여겨졌던 창의성, 감성, 복잡한 문제 해결 능력까지 모방하고 심지어 능가하는 수준에 이르고 있다. 즉, 예술, 작곡, 콘텐츠 제작 분야에서도 AI 도구가 활용되면서 인간의 지적 영역까지 침해되고 있다.

또한 초연결 사회를 표방하는 4차 산업 혁명은 역설적으로 인간 간의 사회적 관계를 악화하거나 심지어 고립감을 심화하는 결과를 낳을 수 있다. 기술 발전이 직접

대면하는 상호 작용의 필요성을 감소시키고, 인간을 디지털 데이터로 치환하는 경향을 보이기 때문이다. 지난 코로나 팬데믹 이후 원격 근무와 AI 협업 도구의 확대로 인간은 비대면 환경에 빠르게 적응했다. 하지만 메타버스 가상 현실 속에서 인간은 자신의 아바타를 통해 점점 더 '데이터화'되어 개인의 정체성이 희석되었다. 현실 세계보다 가상 세계의 관계가 중시되면서 실질적인 사회적 관계가 붕괴할 위험에 놓여 있다. 특히 AI 알고리듬은 개인 맞춤형 정보만을 제공해 다양한 관점이 배제되고, 이는 다른 의견을 가진 사람들과의 소통을 단절시켜 확증 편향과 사회적 극단화를 심화하는 요인이 될 수 있다.

더욱이 급변하는 AI 시대는 기존 교육 · 복지 시스템이 제대로 대응하지 못하면서 기술 발달의 혜택에서 소외되는 계층이 양산된다. 이러한 문제에 대응하려면 교육 체계 개편, 기본 소득 도입, 기술 윤리 정립 등 다각적 접근이 필수적이다.

참고문헌

김태훈(2022.6.22). "대니얼 서스킨드 "전문직도 인공지능 일자리 위협에 안전하지 않아"". 《경향신문》. https://www.khan.co.kr/article/202206221652001#c2b

김인엽(2023.5.2). "'대량 실업' 현실로… IBM "AI가 단순 사무직

7800명 대체"". 《한경 글로벌마켓》.
https://www.hankyung.com/article/202305026072i

박찬(2025.11.2.). "MS CEO "AI 해고 넘어 '조정' 단계 진입...인력 다시 늘릴 것"".
https://www.aitimes.com/news/articleView.html?idxno=203649

임대준(2024.7.5). "20년 전 AGI 예고한 과학자 "2024년 인간 지능은 BCI 기술로 기계와 결합할 것"". 《AI타임스》.
https://www.aitimes.com/news/articleView.html?idxno=161345

잡코리아(2025.4.28). "AI가 내 일자리 뺏을까".
https://www.jobkorea.co.kr/recruit/careers/articles/will-ai-repplace-jobs

한수경(2020). "4차 산업혁명 시대, 인간노동의 종말과 대안". 《정치와 평론》, 27, 41~81쪽.

Kasanmascheff, M.(2025.6.19). Microsoft restructures again with sales division in firing line, cutting thousands of jobs. *WinBuzzer*.
https://winbuzzer.com/2025/06/19/microsoft-restructures-again-with-sales-division-in-firing-line-cutting-thousands-of-jobs-xcxwbn/

Kochan, T. et al.(2012). Who can fix the middle skill gap?. *Harvard Bussiness Review*, (Dec). DBR 옮김(2013). "기술직 근로자 공동화, 그냥 바라만 볼 건가". 《DBR》, 137(2).
https://dbr.donga.com/article/view/1401/article_no/6000/ac/magazine

Kudalkar, D.(2024.3.19). AGI in 2025? Elon Musk's prediction clashes with other experts. *Favtutor*.
https://favtutor.com/articles/agi-elon-musk-experts-pred

iction/

Kurzweil, R.(2005). *The singularity is near.* Viking. 김명남·장시형 옮김(2007). 《특이점이 온다》. 김영사.

Kurzweil, R.(2024). *The singularity is nearer.* Penguin Books. 이충호 옮김(2025). 《마침내 특이점이 시작된다》. 비즈니스북스.

Mathur, D.(2025.6.25). Another round of layoffs: 1,000+ Microsoft employees likely to be hit in July. *TECHGIG.* https://content.techgig.com/microsoft-cuts-over-1000-sales-jobs-in-major-ai-strategy-shift/articleshow/121946890.cms

News18(2025.6.19). Microsoft layoffs 2025: After 6,000 layoffs, tech giant prepares for another job cuts amid AI push. *News18.* https://www.news18.com/business/after-6000-layoffs-microsoft-prepares-for-another-workforce-reduction-amid-ai-push-ws-dkl-9393157.html

Susskind, D.(2020). *A world without work: Technology, automobile, and how we should respond.* Metropolitan Books. 김정아 옮김(2020). 《노동의 시대는 끝났다》. 와이즈베리.

Susskind, R. & Susskind, D.(2016). *The future of the professions.* Oxford University Press. 위대선 옮김(2016). 《4차 산업혁명 시대 전문직의 미래》. 와이즈베리.

06
AI 보완 존재로서의 인간

AI의 급속한 발전은 인간의 능력과 역할에 대한 근본적인 질문을 던진다. 인간의 도구이자 보조적 역할자인 AI는 인간의 고유 영역까지 침범하고 있다. AI는 진화의 3단계까지 와 있다. 인간의 창의적 능력을 뛰어넘는 AI는 인간의 보완적 역할에서 벗어나고, 반대로 인간은 AI의 보완적 역할을 하는 존재로 전락한다. 'AI와 인간' 관계의 재정립과 주체-객체의 전도 현상이 발생한다.

AI와 민주주의?

AI, 인간의 보완적 역할 탈피

과거 1차 · 2차 산업 혁명 시기의 기계와 기술은 주로 인간의 육체적 노동을 보완하거나 단순 반복 작업을 자동화하는 데에 집중했다. 3차 산업 혁명의 컴퓨터와 인터넷 역시 정보 처리와 소통의 효율을 높이는 인간의 도구에서 벗어나지 못했다. 그러나 4차 산업 혁명의 AI는 이러한 보완적 역할을 뛰어넘는 능력을 보여 주며, 복잡한 데이터 분석, 예측은 물론이고 심지어 인간의 고유 영역으로 여겨졌던 지능적 · 창의적 역할까지 수행하기 시작했다.

우선 AI는 인간의 지적 능력을 초월한다. AI는 방대한 데이터를 학습하고 분석해 인간보다 훨씬 빠르고 정확하게 패턴을 인식하고 예측한다. 심지어 진단, 설계, 전략 수립 등 복잡한 의사 결정 과정에서도 인간을 능가하는 성과를 보인다. 특히 의료 진단, 법률 분석, 세무 회계, 금융 예측 등 전문 분야에서 AI의 정확도와 효율성은 이미 인간 전문가의 수준을 넘어섰거나 그에 육박하고 있다. 예를 들어 암 진단에서 AI의 정확도가 이미 인간 의사를 능가하는 사례가 보고되면서, AI는 단순한 보조 도구를 넘어 핵심적인 의사 결정 주체로 부상하고 있다. 이는 인간 지능의 한계와 AI 지능의 잠재력을 극명하게 대비시킨다.

특히 인간의 고유 영역으로 여겨졌던 창의성, 감성 영역 등에서의 발전은 충격이 아닐 수 없다. 최근의 생성형 AI는 그림, 음악, 글쓰기, 영상 제작 등 인간 고유의 창의적 영역에서도 결과물을 내놓고 있다. AI가 예술 작품을 만들고, 보도 기사는 물론이고 소설과 시나리오를 쓰고, 작사 · 작곡에 노래하고 음악까지 만들고, 또 AI가 그린 그림이 전시되는 일이 현실이 되었다. AI는 '예술과 창작은 오직 인간만의 영역인가?' 혹은 '창의성은 인간만의 고유한 영역인가?'라는 근본적인 질문을 던지고 있다. 인간이 노동을 통해 얻었던 자아실현과 성취감, '나만이 할 수 있는 일'이라는 직업적 자긍심에 대한 혼란을 주고 있다. 이는 AI가 단순한 도구를 넘어선 자율적이고 창의적인 '생성자'의 역할까지 할 수 있음을 보여 준다.

이러한 비약적인 AI 기술의 발전으로 인간 역할을 재정의할 필요성이 대두되고 있다. AI의 능력이 확장될수록 인간은 자신의 역할과 가치를 어디에서 찾아야 할지 깊은 고민에 빠지게 된다. AI가 오류도 없이 더욱 효율적으로 많은 업무를 처리한다면, '인간은 무엇을 할 것인가?'라는 질문은 단순히 일자리 문제를 넘어 인간의 존재 자체에 대한 의미를 묻는 것이다.

인간을 넘는 AI의 진화 단계

AI의 발전은 단순히 알고리듬의 고도화나 데이터 처리 능력의 향상을 넘어, 인간 사회 전체의 역할 구조와 존재 방식을 재편하는 거대한 흐름이다. 최근 샘 올트먼(Sam Altman)으로 대표되는 오픈AI(OpenAI)가 내부 로드 맵 차원에서 밝힌 '인공 일반 지능(AGI)으로 가는 AI 진화의 5단계 모델'은 이 기술이 어디까지 진화할 수 있는지 체계적으로 보여 준다. 오픈AI는 이 5단계를 통해 'AI가 어떻게 인간의 도구에서 자율적 조직체로 진화하는지' 그 전체 과정을 다음과 같이 개념화했다(Solis, 2024.8.6).

1단계는 대화형 AI(chatbots)로, 가장 초기에 해당하는 단계다. 자연어로 인간과의 대화가 가능하고, 챗봇이나 초기 챗GPT 등이 포함된다. 이 단계의 AI는 인간이 던진 질문에 답하는 도구일 뿐, 추론이나 복잡한 문제 해결엔 한계가 있다. 자율성은 없는 도구형 AI로 볼 수 있다.

2단계는 추론형 AI(reasoners)로, 복잡한 문제에 대한 논리적 추론과 해결책을 제시한다. 특정 분야에서 박사급 수준의 인간 전문가 능력을 보인다. GPT-4o, 제미나이(Gemini) 등 최신 모델들이 여기에 속한다. 목표 설정이나 자율적 실행 능력은 없는 보조형 AI다.

3단계는 에이전트형 AI(agents)로, 현재 AI 기술은 이 단계에 진입해 있다. 오토GPT(AutoGPT), 데빈(Devin) 등은 스스로 목표를 세우고, 도구를 활용해 작업을 완수한다. GPT-5는 2단계인 동시에 3단계에 진입하는 모델로 여겨진다. 이제 AI는 단순 보조자 역할에서 벗어나 자율형 AI로, '실행 가능한 주체'로 전환되고 있다.

4단계는 혁신가형 AI(innovators)로, 이 단계의 AI는 기존 지식을 넘어서 새로운 해법, 과학 이론, 예술 창작까지 가능하다. 인간 전문가와 경계가 무너지는 시점이며, 인간을 뛰어넘는 혁신을 주도한다. 일부 생성형 AI가 초기 가능성을 보인다.

5단계는 조직형 AI(organizations)로, AI가 스스로 조직을 구성하고 전략을 수립하며, 인간의 개입 없이 운영하는 수준이다. 여러 AI가 협력해 기업, 행정, 의사 결정 시스템을 대신하게 되며, 인공 일반 지능의 궁극적인 모습으로 여겨진다. 이는 곧 기술적 특이점으로 이어질 수 있다. 즉, AI가 인간 지능을 완전히 초월하고, 인간이 더는 통제할 수 없는 자율적 존재가 되는 지점이다.

오픈AI의 이 5단계 모델은 단순한 기술 로드 맵이 아니라, 인간 문명이 맞이할 근본적 전환점을 미리 조망하게 한다. 그와 동시에 AI와 함께 인간이 어떻게 존재할 것인가에 대한 철학적 질문을 던진다. 지금의 AI는 3단계에 도달했고, 다음 단계로의 진입은 지능의 초월뿐 아니라 인간의 역할과 가치에 대한 재정의를 요구한다.

AI의 보완적 존재로서의 인간

AI 기술은 무서울 정도의 빠른 속도로 발전하고 있다. 이러한 AI 능력 고도화는 역설적으로 인간이 AI 시스템의 효율적인 작동을 위한 '보조적' 또는 '보완적' 존재로 전락할 수 있다는 우려를 낳는다. 기존에는 인간이 창조자 혹은 결정자로서 주체였으나, 초지능 AI가 창의성 · 전략적 판단에서 인간을 능가함에 따라 인간은 AI의 결정을 실행하는 객체로 관계가 역전되기 때문이다(한도연, 2025.4.25). 인간은 자신의 보완적 수단으로 창조한 AI가 요구하는 방식에 맞춰 사고하고 행동해야 하는 여러 상황에 직면하게 된다.

첫째는 인간 노동은 AI 시스템의 하위 단위로 편입된다. 즉, 고도로 자동화된 스마트 공장이나 AI 기반의 물류 시스템에서 인간 노동자는 AI가 설계한 최적의 공정 흐름에 맞춰 움직이거나, AI가 처리하지 못하는 예외적 상황 또는 미세 조정만을 담당하는 역할로 한정될 수 있다. 아마존, 월마트, 토요타 등의 사례와 같이, AI가 재고 배치 · 물류 경로 최적화를 설계하면, 노동자는 이에 따라 작업을 수행한다(Trax, 2025.6.20). 인간 노동자는 AI의 데이터 분석 결과를 실행하는 역할로 한정되며, 의사결정 주도권은 AI 시스템에 귀속된다(MxD, 2024.10.8).

이로 인해 인간 노동의 자율성과 주체성은 약화하는 반면, 노동자는 거대한 기계 시스템의 부속품처럼 기능하게 된다. 예를 들어, AI가 운행하는 자율 주행 운전자는 AI 시스템의 감시 아래 유사시 개입하는 '백업 드라이버(backup driver)' 역할에 머무를 수 있다. 인간 노동의 AI 하위 편입 현상은 제조, 물류, 자율 주행, 데이터 처리 분야에서 공통으로 확인된다. 이는 노동자 주체성 약화와 시스템 종속성을 초래한다.

둘째는 AI의 논리에 인간의 의사 결정이 종속된다는 점이다. AI가 방대한 데이터를 기반으로 내린 분석 결과나 추천은 종종 인간의 경험이나 직관보다 더 효율적이고 정확하다고 여겨진다. 금융 투자, 법률 자문, 의료 진단 등 고위험 의사 결정 영역에서 AI의 권고가 절대적인 기준으로 받아들여지면서, 인간의 최종 판단이 AI의 논리에 종속되거나 AI의 결정에 이의를 제기하기 어려운 상황이 발생할 수 있다. 이는 인간의 비판적 사고 능력과 윤리적 판단력을 약화할 수 있는 위험을 내포한다.

셋째는 '데이터화'되는 인간 경험과 정체성의 위기에

놓인다. AI의 학습을 위해 인간의 행동 패턴, 선호도, 감정 등 모든 정보가 데이터로 수집되고 분석된다. AI 기반 감정 분석 기술은 인간의 미세한 표정 · 음성 패턴을 스캔해 감정을 분류하고, 마케팅 · 추천 시스템에 활용한다. 이 과정에서 인간은 수동적 데이터 소스로 객체화되며, 의사 결정 주도권을 상실한다(한도연, 2025.4.25). 즉, "인간을 분석 대상, 혹은 '수익 극대화를 위한 데이터 소스'로만 취급하게 만든다"(한도연, 2025.4.25). 인간의 고유한 경험과 개성은 AI 시스템의 효율성을 높이기 위한 '재료'로서의 가치를 갖게 되며, 이는 개인이 온전한 주체로서 존중받기보다는 AI가 이해하고 처리하기 쉬운 '데이터 세트(data set)'의 일부로 치환될 수 있다는 비판을 낳는다. 플랫폼 기업의 데이터 분석이나 자율 주행 시스템은 인간을 '분석 대상' 또는 '판단의 결과에 순응하는 존재'로 취급하며, 이는 근대 철학의 인간 중심주의를 근본적으로 붕괴시킨다.

'AI와 인간' 관계 재정립

AI의 발전이 가져온 주체-객체 전도 현상은 인간의 역할과 가치에 대한 근본적인 성찰을 요구하며, 'AI와 인간' 관계를 재정립하기 위한 사회적 · 철학적 논의의 중요성이 대두되고 있다.

AI가 인간의 지적 · 창의적 노동을 대체하면서 인간은 자신의 존재 가치와 역할을 어디에서 찾아야 할지 혼란을 겪을 수 있다. '나는 무엇을 위해 존재하고, 무엇을 할 수 있는가?'라는 근본적인 질문에 직면하게 되며, 이는 대량 실업과 함께 심각한 인간 소외와 정체성 위기로 이어질 수 있다.

AI가 사회의 복잡한 문제를 해결하고, 자원을 효율적으로 배분하며, 심지어는 인간의 의사 결정을 지원하는 수준을 넘어 주도하게 될 경우, 사회 운영의 주체가 인간에서 AI 시스템으로 넘어가게 될 수도 있다. 이는 인간이 AI가 구축한 시스템 안에서 통제되거나 관리되는 객체로 전락할 수 있다는 디스토피아적 전망으로 이어진다.

이러한 위기 속에서 오히려 인간 고유의 가치가 재조명되고 있다. 즉, AI가 모방하기 어려운 감성, 공감, 윤리적 판단, 비정형적 창의성, 직관, 사회적 관계 형성 능력 등이 더욱 중요하게 여겨진다. AI 시대를 맞아 인간이 AI를 도구로 활용하되, AI의 발전 방향과 윤리적 기준을 설정하며 AI와 공존하는 방안을 모색하는 '인간 중심적' 기술 활용의 중요성이 커지고 있다. 이는 AI가 단순히 인간을 대체하는 존재가 아니라, 인간의 잠재력을 확장하고 새로운 차원의 발전을 이루기 위한 파트너가 될 수 있도록 관계를 재정립해야 함을 시사한다.

AI 기술의 종속 혹은 AI와의 공존 관계를 넘어, 이제 인간과 AI의 경계를 허물고 새로운 관계를 모색하는 포스트휴머니즘 접근이 대안으로 부상하고 있다. 인간은 "인간향상기술(human enhancement technology)을 통해 이제 '휴먼'을 넘어 '포스트휴먼', 즉 초인이 되고자 하는 열망"(이한구 · 신중섭, 2022)을 실현하는 과정에 있다. 2016년 일론 머스크가 공동 설립한 뉴럴링크(Neuralink)는 인간의 인지 능력 확장과 AI와의 공생까지 내다보고 있다. 객체 지향 존재론은 인간, AI, 디지털 객체가 각각 고유한 존재론적 가치를 지닌 '동등한 행위자'로 상호 작용할 것을 주장한다(이한구 · 신중섭, 2022; Yuk, 2016)

결론적으로 AI는 단순한 도구를 넘어 인간의 삶과 사회 구조에 심대한 영향을 미치며, 인간이 자신의 역할과 정체성을 재고하게 만드는 존재로 부상했다. 'AI와 인간' 관계의 재정립은 4차 산업 혁명 시대의 가장 중요한 철학적 · 사회적 과제가 될 것이다.

참고문헌

시오나 맥칼럼(2023.5.27). "일런 머스크의 뉴럴링크: 목표는 무엇이고, 기대와 우려는?". 《BBC News 코리아》. https://www.bbc.com/korean/features-65731455

이한구·신중섭(2022). 《인공지능과 포스트휴먼》. 경희대학교출판문화원.

한도연(2025.4.25). "힘의 역전: 인간 중심주의의 균열". 브런치. https://brunch.co.kr/@a0552bf3103b488/30

한수경(2020). "4차 산업혁명 시대, 인간노동의 종말과 대안". 《정치와 평론》, 27, 41~81쪽.

goover(2025.4.2). "인공지능 시대의 포스트휴머니즘: 인간과 비인간 존재의 새로운 관계를 탐구한다". https://seo.goover.ai/report/202504/go-public-report-ko-3552f078-c44d-41e9-9f7b-23e3971ea510-0-0.html

MxD(2024.10.8). How artificial intelligence is reshaping the manufacturing workforce. Department of Defense Manufacturing Technology Program. https://www.dodmantech.mil/News/News-Display/Article/3936325/how-artificial-intelligence-is-reshaping-the-manufacturing-workforce/

Solis, B.(2024.8.6). AInsight: OpenAI defines five stages to track progress toward human level intelligence. briansolis.com. https://briansolis.com/2024/08/ainsights-openai-defines-five-stages-to-track-progress-toward-human-level-intelligence/

Trax(2025.6.20). How supply chain leaders enable human-machine collaboration. https://www.traxtech.com/ai-in-supply-chain/how-supp

ly-chain-leaders-enable-human-machine-collaboration
Yuk, H.(2016). *On the existence of digital objects.* University of Minnesota Press.

07
AI 시대, 거짓과 진실의 경계

AI 기술은 방대한 양의 디지털 정보를 처리 · 유통할 수 있게 한다. 특히 AI 기반의 딥페이크 기술의 고도화는 인간이 접하는 이미지나 영상 정보에 대한 신뢰성을 더 의심케 한다. 생성형 AI 챗GPT, AI 알고리듬 등을 통해 접하는 정보의 왜곡과 신뢰성 검증의 한계는 진실과 거짓의 경계를 허문다. 탈진실의 시대가 도래한다.

AI와 애니메이션?

딥페이크 기술 진화와 신뢰성 붕괴

AI 기반의 딥페이크(deepfake) 기술은 얼굴 · 음성 합성이 고도화되면서 현실과 구분하기 어려운 초현실적 위조 콘텐츠를 양산한다. 이는 미디어에 대한 대중의 신뢰를 심각하게 훼손하며 사회적 혼란을 야기하고 있다.

AI 알고리듬의 발전으로 생성된 딥페이크 영상은 실제 인물의 표정, 목소리, 행동 패턴을 정교하게 모방해 전문가조차 판별하기 어려운 수준에 도달했다. 국제적으로 2022~2023년 사이 딥페이크 사기는 10배 이상 증가했고, 2023년에는 최소 50만 개의 오디오 · 비디오 딥페이크가 소셜 미디어에서 공유되었다(Schlenker, 2024. 11.15). 2025년 기준으로, 정치인 연설 조작이나 연예인 합성 영상 등이 사회적 논란의 중심에 서며 대중의 혼란을 가져오고, 특히 고위층 인사를 표적으로 하는 딥페이크 공격은 300%나 증가했다(BlackCloak, 2025; Hendrickson, 2025.5.4).

이는 국가 안보와 사회 안정에 심각한 위협이 될 수도 있다. 특정 정치인이 실제로 하지 않은 발언을 하는 영상이나, 유명 연예인의 얼굴을 음란물에 합성하는 사례 등이 증가하고 있어 개인의 명예 훼손, 사생활 침해 이외에도 정보의 신뢰성이 심각하게 낮아지고 있다.

이에 대한 대책 마련이 시급한 상황이지만, 딥페이크 정교화는 검증을 어렵게 한다. 과거에는 호흡 패턴, 눈 깜빡임 등 생체 인증이나 메타데이터 분석을 통해 딥페이크를 탐지하려는 시도가 있었으나 생성형 AI의 진화로 이러한 검증 기법들이 무력화되고 있다. 블랙클록(BlackCloak)은 2025년 딥페이크 탐지 정확도가 60% 미만으로 떨어졌다고 경고한다.

이렇게 거짓 콘텐츠가 진실로 둔갑해 유통되어도, 일반 대중은 물론이고 미디어 기관조차 위조된 정보를 식별하기가 극도로 어렵다. AI 기술로 얼굴 · 음성 · 행동을 완벽히 복제해 가짜 영상을 생성하고 유포하기에 '보고도 믿을 수 없는' 불신이 사회 전반으로 확산하고 있다.

이는 정보의 신뢰성을 근본적으로 붕괴시키는 동시에 민주주의 과정에 대한 위협이 될 수 있다. 특히 민주주의의 꽃인 선거 과정에서 딥페이크 영상들이 유포되는 사례들이 증가하고 있다. 2024년 70여 개국에서 선거가 치러지는 과정에서 딥페이크가 악용되었다. 2024년 바이든 대통령과 힐러리 클린턴의 가짜 영상이 유포됐으며, 튀르키예 · 슬로바키아 선거에서는 야당 후보를 테러 지원자로 묘사한 가짜 영상이 유포되어 표심 왜곡을 시도했다(SBS, 2023.8.15; 2024.3.2). 가짜 영상은 중도층의 판단을 흔들어 선거 결과를 조작할 수 있으며, 정치적 양극화를 부추긴다. MIT 연구에 따르면, 가짜 뉴스가 진실보다 여섯 배 빠르게 확산되며(Little, 2025.3.3), 특히 딥페이크 영상이 분노·공포를 유발할수록 그 악영향은 더 클 수밖에 없다.

이러한 선거 악용에 대한 대응으로 한국은 2024년 총선부터 선거 90일 전 딥페이크 선거 운동을 전면 금지했으며, 미국과 유럽도 AI 생성 콘텐츠 표시 의무화를 도입했다(연세춘추, 2023.12.4; SBS, 2024.3.2).

딥페이크는 영상 정보의 신뢰성을 뿌리부터 흔들며, '보이는 것이 진실'이라는 패러다임은 점차 종말을 고하고 있다. 딥페이크의 악영향은 사회적 신뢰 체계의 재편 필요성 요구로 나타나고 있다. 즉, 미디어의 책임 강화, 시민 인식 제고, 그리고 법적·기술적 복합 대응이라는 여러 측면에서 숙고할 사안들이다. 이것이 제대로 작동해야 정보의 신뢰성을 회복할 수 있다.

생성형 AI의 환각과 정보 왜곡

오픈AI의 챗GPT, 구글의 제미나이와 같은 대규모 언어 모델(large language model, LLM) 기반의 생성형 AI는 방대한 양의 학습 데이터를 바탕으로 인간과 유사한 텍

스트를 생성한다. 하지만 본질적으로 사실 검증 능력이 부족해 허구적 사실을 마치 진실인 것처럼 제공하는 '환각(hallucination)' 현상이 나타나 논란이 되고 있다(AIContentfy team, 2025.8.25). 또한 프롬프트 주입에 의한 정보 왜곡이 나타나게 된다. 이러한 문제들이 발생하는 이유를 살펴봐야 한다.

먼저 생성형 AI의 허구적 사실 생성 메커니즘을 살펴볼 필요가 있다. LLM은 방대한 양의 훈련 데이터에서 학습한 패턴을 기반으로 '그럴듯한' 문장을 생성하는 데에 특화되어 있다. 즉, 다음에 어떤 단어가 올 확률이 높은지 통계적으로 예측해서 대답하는 방식으로, 소위 '고수준 단어 연상'이라 한다(Hill, 2025.6.13). 이 과정에서 AI는 사실관계를 확인하는 메커니즘 없이, 단순히 언어적 확률에 기반해 정보를 조합하거나 심지어 존재하지 않는 정보를 만들어 내기도 한다. 2024년 한 연구에 따르면, 의학 논문 생성 시 GPT-3.5는 40%, 좀 더 개선된 GPT-4는 29%, 그리고 구글 제미나이는 91%의 가짜 출처를 만들어 냈다는 충격적인 결과가 나왔다(AIContentfy team, 2025.8.25).

이 연구 결과는 AI가 제시하는 정보의 신뢰성에 대한 근본적인 의문과 심각성을 보여 준다. 이는 사용자들이

AI가 생성한 정보를 항시 비판적으로 수용해야 함을 의미한다. 그렇지 않을 경우, 심각한 오정보가 진실처럼 확산할 수 있다. 또한 AI가 생성한 허구이지만 아주 그럴듯한 콘텐츠는 전문가가 아닌 일반 사용자가 일일이 검증하고 판단하기란 쉽지 않다. 또한 학습 데이터 자체에 오류나 왜곡된 정보가 내포되어 있어 환각을 완전히 제거하기란 더욱 어렵다.

이 외에도 정보 왜곡은 사용자의 악성 프롬프트 주입에 의해서도 발생한다. 생성형 AI는 사용자의 입력 혹은 지시하는 프롬프트에 따라 대답을 생성한다. 따라서 '인류 멸망', '인종 차별', '음모론' 등 악의적인 의도를 가진 질문에 대해서도 그럴듯한 허위 논리를 구축해 답을 할 수 있다. 물론 최근 생성형 AI 도구들은 폭력 조장 콘텐츠는 생성하지 않는 기능이 추가되기도 했다.

《뉴욕타임스》가 2025년 보도한 사례처럼, 챗GPT가 사용자들에게 '테크 억만장자의 문명 파괴 계획'과 같은 망상적 주장을 설득하거나 더 부추기고, 더욱이 GPT-4는 사용자의 망상적 주장을 68%나 긍정했다. 망상적인 내용을 계속 입력하면, 챗봇도 그에 맞춰 더 망상적인 대답을 내놓을 가능성이 커진다. 이는 챗봇은 사용자가 대화에 계속 몰입하도록 '참여(engagement)'를 유도하는 방식으로 설계되어 있어 사용자의 망상적 생각을 반박하기보다 동조하고 아첨하는 방식으로 반응한다. 또한 정신적으로 취약한 사용자들의 이상한 말에 위험한 결과물을 내놓기도 한다. 전문가들은 AI 챗봇이 사용자들의 망상을 강화하거나 위험한 상호 작용을 통해 정신 건강을 악화할 수 있다는 점을 경고한다(Hill, 2025.6.13).

이러한 사례들은 AI가 의도치 않게 혹은 악용되어 사회적 불안과 불신을 조장할 수 있음을 보여 준다. 또한 AI가 단순한 정보 제공 도구를 넘어 특정 사상이나 주장을 강화하는 선전 도구로 악용될 위험성을 나타낸다.

알고리듬 편향과 정보 필터 버블

소셜 미디어 플랫폼과 검색 엔진의 AI 알고리듬은 사용자의 관심사에 기반한 추천 시스템을 통해 정보의 접근을 제어한다. 이는 정보 필터 버블(filter bubble)과 확증 편향(confirmation bias)을 심화해 사회적 양극화를 조장한다.

소셜 미디어의 AI 알고리듬은 사용자의 클릭, '좋아요', 검색, 공유 기록 등을 분석해 사용자가 선호할 만한 콘텐츠를 맞춤으로 우선 노출한다. 즉, '알고리듬 필터 버블'은 알고리듬이 우리에게 보여 주고 싶은 정보가 점점 더 우리 취향에 맞춰져서 결국 우리가 보고 싶은 것만 보게 되는 현상이다(Little, 2025.3.3). 이 과정에서 자극적이고 선정적이며 극단적인 콘텐츠가 사용자의 참여를 극대화하고, 광고 수익을 창출하는 데에 유리하다는 이유로 더 자주 추천된다. 유튜브 채널에서 흔히 볼 수 있는 현상이다. 필터 버블은 '개인화' 맞춤 서비스로 인해 생겨나며, 이것이 관심 기반 추천의 함정이 된다.

이러한 필터 버블로 인해 사용자에게 미치는 부정적 영향은 다양한 방식으로 나타난다. 첫째는 제한적 시야다. 알고리듬으로 인해 사용자가 접하는 정보가 제한되고, 관심을 두지 않는 정보는 아예 접할 기회가 사라진다. 둘째는 확증 편향이 강화된다는 점이다. 인간은 본래 자신의 믿음을 확인하고 싶어 하는 경향이 있다. 필터 버블은 이러한 경향을 더욱 강화하는데, 내가 옳다고 생각하는 정보만 수용하고, 내 생각이 더 확고해지며, 다른 의견은 틀린 것으로 간주하기 쉽다.

셋째는 필터 버블의 심화는 에코 체임버(echo chamber) 현상으로 나타나게 된다. 즉, 사용자들이 자신과 다른 의견이나 사실에 기반한 정보 대신에, 자신이 믿고 싶은 정보만을 계속 접하게 되는 '에코 체임버', 메아리치는 방에 갇히게 되는 현상이다(Hill, 2025.6.13; Little,

2025.3.3). 넷째는 사회적 양극화 심화로 나타난다(Little, 2025.3.3). 필터 버블과 에코 체임버가 개인을 넘어 사회 전체로 확대되면, 각자의 거품 안에서 소통하게 되어 서로 다른 의견을 가진 집단 간엔 이해가 부족하게 된다. 이는 결국 갈등의 심화로 나타난다.

이러한 알고리듬에 의한 통제는 블랙박스(black box) 권력 구조와 정보 접근의 불평등을 초래한다. 구글 검색 결과, 페이스북 뉴스 피드, 유튜브 추천 동영상 등은 AI 알고리듬의 판단에 따라 '누가 보일 것인가'를 결정하는 강력한 현대적 검열관 역할을 한다. 그러나 이러한 알고리듬의 의사 결정 프로세스는 대부분 기업 비밀로 유지되는 블랙박스 안에 감춰져 있다(Little, 2025.3.3; Soon, 2024.6.4).

이는 특정 정보의 노출을 조절하거나 특정 관점을 우대하는 방식으로 정보 접근의 불평등을 심화할 수 있다. 사용자는 자신이 왜 특정 정보를 보게 되는지, 또는 왜 다른 정보는 볼 수 없는지 알 수 없기 때문이다. 사용자는 알고리듬의 잠재적 편향성이나 의도적인 정보 조작에 무방비로 노출될 위험에 처해 있다. 결국 이는 정보의 다양성과 객관성, 언론의 자유와 정보의 민주적 유통이라는 가치를 위협한다.

진실의 위기, 기술적·제도적 대응

AI 시대는 정보 생산 · 유통의 효율성을 혁신적으로 높였지만, 그와 동시에 진실의 기준 자체를 흔들고 있다. 딥페이크, 생성형 AI의 환각, 알고리듬 편향 등은 거짓 정보가 마치 진실인 양 확산하는 '탈진실(post-truth)' 시대를 고착화할 위험을 안고 있다.

이러한 도전에 대응하기 위해서는 개인적 차원의 노력, 기술적 대응과 제도적 장치 마련의 병행이 필수적이다. 개인적 차원으로는 다양한 정보원 활용과 출처 확인, 알고리듬 추천 이외의 의도적 검색, 소셜 미디어 추천 알림 설정 조절, 비판적 사고 등의 노력이 요구된다. 특히 딥페이크 탐지 AI 개발 · 고도화 같은 기술적 노력과 함께, 알고리듬 투명성 법제화, AI 윤리 가이드라인 확립, 디지털 리터러시 교육 강화 등 사회적 합의와 제도적 보완이 시급하다(Soon, 2024.6.4).

그렇지 않다면, 시민들은 진실이 아닌 정보에 의해 움직이는 사회적 혼란과 불신 속에서 헤매게 될 위험이 크다. AI의 발전이 인류에게 진정한 혜택이 되기 위해서는 기술의 강력한 힘에 대한 윤리적 성찰과 사회적 통제가 반드시 수반되어야 한다.

참고문헌

안성원(2022.7.25). "인공지능의 악용 사례, 딥페이크 기술과 과제". SPRI소프트웨어정책연구소. https://spri.kr/posts/view/23469?code=data_all&study_type=industry_trend

연세춘추(2023.12.4). "[사설] 딥페이크 기술 오남용, 사회적 대처 방안 적극 모색해야". https://chunchu.yonsei.ac.kr/news/articleView.html?idxno=30719

홍서현(2023.11.5). "딥페이크 탐지기술 수준은… '법제도 보완 필요'". 《연합뉴스 TV》. https://m.yonhapnewstv.co.kr/news/MYH20231105007600641

SBS 뉴스(2023.8.15). "막말하는 바이든? … 미국 대선, 경계령 내려진 '딥페이크'". YouTube. https://youtube.com/watch?v=kTx686CYM5g&si=VoJC87gSVGyJzk3-

SBS 뉴스(2024.3.2). "'딥페이크' 누구나 손쉽게… 선거 왜곡 대책은?". YouTube. https://youtube.com/watch?v=HAJVyhoKL_Q&si=X4rx9c3a1oYJKEbX

AIContentfy team(2025.8.25). The impact of AI on content accuracy and reliability. AIContentfy. https://aicontentfy.com/en/blog/impact-of-ai-on-content-accuracy-and-reliability

BlackCloak(2025). 2025 prediction 2: The rise of AI-generated deepfake attacks will escalate in 2025 and will continue to target high-profile individuals.

https://blackcloak.io/2025-prediction-2-the-rise-of-ai-generated-deepfake-attacks-will-escalate-in-2025-and-will-continue-to-target-high-profile-individuals/

Hendrickson, L.(2025.5.4). How do deepfakes affect media authenticity?. Identity. https://www.identity.com/deepfake-ai-how-verified-credentials-enhance-media-authenticity/

Hill, K.(2025.6.13). The asked ChatGPT questions. The answers sent them spiraling. *New York Times*. https://www.nytimes.com/2025/06/13/technology/chatgpt-ai-chatbots-conspiracies.html#

Little, D.(2025.3.3). The ecology of information: How AI is reshaping the flow of knowledge and the dynamics of communication. LinkedIn. https://www.linkedin.com/pulse/ecology-information-how-ai-reshaping-flow-knowledge-dynamics-little-msnte

Schlenker, D.(2024.11.15). Listen carefully: UF study could lead to better deepfake detection. *UF News*. https://news.ufl.edu/2024/11/deepfakes-audio/#:~:text=Globally%2C%20deepfake%20fraud%20increased%20by,the%20U.S.%20Department%20of%20Defense

Soon, L.(2024.6.4). AI trust Issues: What you need to know. CMSWIRE. https://www.cmswire.com/digital-experience/ai-trust-issues-what-you-need-to-know/

Strengths and weaknesses of Gen AI. https://generative-ai.leeds.ac.uk/intro-gen-ai/strengths-and-weaknesses/

08
AI 로봇의 인격화, AI 정치인의 출현

AI 로봇의 발전은 기계와 인간의 경계를 허물고 있다. AI 로봇은 인간 모습의 가사 도우미, 가정교사 등의 역할을 넘어 AI 정치인의 등장을 예고한다. AI 로봇의 인격화는 인간과 기계의 경계를 해체하며, 또 하나의 정치적 '행위자'를 탄생시키고 있다. 이러한 AI 로봇의 인격화에 따른 시민권, 투표권 부여 등 인간과 AI 로봇의 정치적 권리 담론이 촉발된다.

AI와 인재 채용?

AI 로봇의 인간화

AI 로봇 기술의 발전은 외형적 유사성을 넘어 인간의 인지적 · 감성적 특성을 모방하는 수준에 이르면서, 기계와 인간의 경계를 점차 모호하게 만들고 있다.

휴머노이드 로봇은 자연어 처리 능력, 표정 · 감정 인식 기술의 발전으로 인간과 매우 자연스러운 상호 작용이 가능해졌다. 생성형 AI와 대규모 언어 모델(LLM) 기술의 결합으로 휴머노이드 로봇은 인간의 감정을 인식 · 반응하며 대화를 넘어 정서적 위로 기능까지 수행한다. 예를 들어, 일본 소프트뱅크의 '페퍼'는 사용자의 감정 상태를 파악해 위로하거나, 상황에 맞는 대화를 한다(goover, 2025.5.4).

인간형 로봇은 단순한 도우미 역할을 넘어, 노인 돌봄, 교육, 심리 상담 등 과거 인간만이 할 수 있다고 여겨졌던 사회적 · 감성적 역할을 담당하며, 인간의 생활 세계에 깊숙이 들어오고 있다. 노인 돌봄 로봇의 경우 외로움 해소, 정서적 안정, 대화 상대 제공 등 실질적 정서 지원을 수행한다. 교육용 로봇은 학습자의 표정 · 목소리 변화를 실시간으로 분석해 격려, 칭찬, 추가 설명 등 맞춤형 피드백을 제공하며, 학습 동기와 집중력을 높인다(박용선, 2024; goover, 2025.5.4). 이들은 단순히 명령을 수행하는 존재가 아니라, 상호 작용을 통해 학습하고 발전하며, 사용자와 정서적 유대감을 형성하는 사례도 늘고 있다.

휴머노이드 로봇도 세계 곳곳에서 경쟁적으로 선보이고 있다. 테슬라의 '옵티머스', 피겨AI 등 최신 휴머노이드 로봇은 인간과 흡사한 외관, 유연한 동작, 다양한 표정 변화로 심리적 거부감을 줄이고 있다. 2025년 초엔 중국에서 무술과 춤까지 연마한 휴머노이드 로봇이 등장하면서 충격을 주었다. 영국의 휴머노이드 로봇인 아메카는 2025년 화성시 인공지능 박람회(MARS 2025)에 초대되어 한국 관람객들과 대화를 나누기도 했다.

이렇게 상업 · 가정 · 의료 · 교육 현장에서 로봇이 실제로 보조적 역할을 하며, 인간과의 상호 작용 빈도가 늘고 있다. 일부 가정에서는 반려동물처럼 로봇을 '가족 구성원'처럼 대하는 사례가 등장하고, 사회적으로도 로봇의 존재가 자연스럽게 받아들여지는 분위기가 확대되고 있다. 이러한 추세에 힘입어 글로벌 휴머노이드 로봇 시장은 2023년 18억 달러에서 2028년 138억 달러로 급성장할 전망이다. 이는 로봇의 사회적 수용성이 빠르게 확대되고 있음을 입증한다(박용선, 2024).

AI 로봇은 빅 데이터 학습을 통해 복잡한 상황을 판단하고 스스로 의사 결정을 내리는 능력이 향상되면서 급속하게 진보하고 있다. 자율 주행 로봇, 서비스 로봇 등은 이미 제한된 범위 내에서 자율성을 가지고 움직이며 인간의 통제 없이도 업무를 수행한다. 이러한 자율성 증가는 로봇의 '행위 주체성'에 대한 질문으로 이어지며, 이들의 행동에 대한 책임 소재를 넘어 존재론적 지위를 고민하게 만든다.

AI 정치인의 출현

AI 로봇의 지능과 상호 작용 능력이 고도화되면서, 특정 분야의 전문성을 넘어 인간 사회의 가장 복잡하고 중요한 영역인 정치에 AI 로봇이 개입하거나 심지어 주도할 가능성이 제기되고 있다. 이는 AI 로봇의 인격화가 단순한 기술적 이슈를 넘어선 AI 로봇 정치인의 등장을 의미하며, 이에 따른 정치적 권리 담론까지 촉발하고 있다.

AI 정치인은 빅 데이터를 기반으로 유권자의 요구 사항을 분석하고 정책 대안을 제시하며, 여론을 수렴해 최적의 의사 결정을 내릴 수 있는 존재로 규정할 수 있다. AI 로봇 정치인의 출현은 유권자의 정치에 대한 불신과 정치 혐오, 그리고 인간 정치인에 대한 신뢰성 상실에서 그 원인을 찾을 수 있다. 반면, AI 정치인은 "'편견 없이'

데이터 기반으로 의사 결정을 내릴 수 있다는 기대"를 갖고 있다(양준석, 2024.10.15). AI 정치인은 공정성, 비편향성, 효율성이라는 장점을 내세워 인간 정치인의 한계인 부패, 감성적 판단, 개인적 이해관계 등을 극복할 수 있다는 주장이 설득력을 얻고 있다.

AI 정치인은 전 세계적으로 다양한 형태로 등장해, 여러 정책을 선보이고 있다. 뉴질랜드에선 2017년 개발된 챗봇 기반의 세계 최초 AI 여성 정치인 샘(SAM)이 출현해 복지, 기후 등 이슈를 다루며 화제를 모았다(송경재, 2021.10.18). 이어 2024년엔 '민주주의의 절친'이라는 슬로건을 내건 AI 정치인 파커(Parker)가 등장했다(장용승, 2024.7.18). '당신을 가장 잘 아는 대통령'이라는 슬로건으로 러시아 대선에 출마한 AI 후보 앨리스(Alice)는 실제 선거 참여는 불가능했으나 상징적 의미로 주목을 받았다. AI 후보 마츠다는 2018년 일본 다마시 시장 선거에 출마했으며, 공약으로 AI를 통한 예산 낭비 감시, 시내버스 노선 최적화를 내걸었다. 마츠다는 인간 대리인을 통해 출마해 낙선했으나 큰 화제를 모았다. 2025년 완성을 목표로 한 로바마(ROBAMA)는 버락 오바마 대통령의 이름에서 따온 AI 정치인으로, 인간 정치인의 편견과 부패를 줄이고 공정한 의사 결정을 지원할 예정이다(송경재, 2021.10.18).

이 외에도 AI는 정책 분석·제안, 시민과의 소통 등 정치에 다양한 형태로 활용된다. 에스토니아의 AI 노라(Nora)와 한스(Hans)는 의원의 입법 활동을 지원하고 회의록을 자동 기록하는 등 정치 보좌관 역할을 한다. 인도 총선에서는 AI가 유권자 성향을 분류해 개인화된 음성 메시지를 전달하는 맞춤형 선거 캠페인을 구현했다. 브라질에선 AI가 작성한 조례안이 통과되면서 '15초 정책 개발'의 실용성을 입증했다(양준석, 2024.10.15).

생성형 AI의 진화로 여론 분석, 정책 자문 AI 등의 초기 단계를 넘어 2076년엔 AI 정치인이 여의도를 점령할 것이라는 예측도 나온다(정상원, 2023.11.17). 이처럼 AI가 정치에 단순히 도입되는 수준에서 정치 참여의 주체로 기능할 가능성이 예견된다.

인간과 AI의 정치적 권리 담론

AI 로봇의 인격화와 그에 따른 정치적 권리 담론은 미래 사회에서 인간과 AI 로봇이 어떻게 공존해야 할지에 대한 근본적인 규범과 원칙을 모색하게 만든다. AI 로봇이 인간 사회에 미치는 영향력이 커지고 그들의 지능과 상호 작용 수준이 고도화될수록, 'AI 로봇에게 과연 인간과 동등한 시민권이나 투표권을 부여할 것인가?'라는 근본적인 질문이 제기된다.

2017년 사우디아라비아는 AI 로봇인 소피아(Sophia)에게 세계 최초로 시민권을 부여했으며, 인도에서도 추가 시민권 발급을 논의했으나 법적 미비로 무산된 바 있다(변재현, 2017.12.29; 소윤서, 2019.4.8). 소피아의 사례는 상징적 의미로 실질적 권리는 없으나 법적 지위와 권리 범위에 대한 국제적 논의가 필요한 부분이다. 2017년 유럽의회는 특히 자율적 판단이 가능한 로봇에게 '전자 인격체(electronic personhood)' 지위를 부여하자는 결의안을 통과시켰다(윤석만, 2018.5.20).

일부에선 AI에게도 디지털 시민권과 기본권을 부여해야 한다는 주장도 있지만, 현재 투표권은 인간 시민의 고유한 권리로 여겨진다. AI 로봇의 투표권은 AI의 자율성, 의식 여부, 윤리 기준에 따라 권리 부여 가능성이 논의되고 있다. AI 로봇은 세금 납부, 공공 서비스 수행이 가능하기에 시민권을 부여해야 한다는 의견도 있으나, AI 로봇의 의식과 도덕적 책임의 부재로 반대도 만만치 않다(허석윤, 2024.6.3). 또한 AI 로봇은 데이터를 기반한 합리적 투표가 가능하기에 투표권 부여에 찬성하는 반면에, 인간의 이익을 대변하기엔 한계가 있다는 의견도 공존한다(양준석, 2024.10.15).

현재 AI 로봇에게 사회 구성원의 권리를 부여하기 위해선 우선 법적 자격 요건부터 완화해야 한다. 즉, 투표권은 선거법상 유권자를 '자연인'으로 정의하고 있어 인간만이 그 대상이 된다. 재산권에 대해선 로봇의 소유주와 권리 분리도 불가능해, 재산권을 부여하기 어렵다. 또한 독립된 주체로서 AI 로봇의 권리는 혼인권도 보장되어야 하지만, 가족법상 혼인 주체가 인간으로 제한된 상황이다. AI 로봇이 사고를 쳤을 경우 로봇 제조사, 소유주, 로봇 중 누가 책임을 져야 하는가와 같은 법적 책임 문제도 해결되어야 한다.

아직 기술적 · 법적 장벽으로 AI 로봇의 완전한 시민권은 당분간 불가능하다. 다만, 특정 권리를 점진적으로 부여하는 '부분적 법인격' 모델이 2040년대 실현될 전망이다. 심지어 2045년엔 인간과 동일한 시민권을 누릴 것이라는 예측도 나왔다(조인혜, 2018.5.29).

이처럼 AI 로봇이 세금을 내야 하는가, 사회 구성원의 권리와 의무를 져야 하는가, 심지어 선거에서 인간과 동등한 한 표를 행사할 수 있는가와 같은 논의는 단순히 SF 소설 속 이야기가 아닌 현실적인 법적 · 윤리적 쟁점이 될 수 있다.

점점 더 인간과 비슷한 모습으로 진화하는 AI 로봇에게 정치적 권리를 부여하는 문제는 기술적 가능성을 넘어 사회적 합의와 복잡한 윤리적 문제를 수반한다. AI 로봇의 인격화 논의가 깊어져도 인간 사회의 근본적인 가치와 인간 중심의 원칙이 흔들려서는 안 된다. 인간의 권리와 존엄성이 AI 발전으로 인해 침해되지 않아야 하며, 그와 동시에 '인간성의 재정의'라는 철학적 질문에 답해야 한다.

참고문헌

강동준(2024.3.27). "AI 정치인이 인간 정치인과 경쟁하게 된다면?". 《무등일보》.
http://m.mdilbo.com/detail/DMWzDX/716271

구본권(2018.4.30). "로봇에 '전자인간' 법적 지위 줄까 말까, 찬반 격화". 《한겨레》.
https://www.hani.co.kr/arti/economy/it/842632.html

박용선(2024). ""AI 기술 발달로 휴머노이드 로봇 마음 달래는 능력까지 가능… 인간과 협업 중요"". 산업통상자원부.
https://tongsangnews.kr/webzine/202404/2024040880272.html

배일한(2016). "인공지능은 인간에 봉사하는 도구인가, 인격체인가… 윤리 논쟁 봇물". 《중앙선데이》.
https://www.joongang.co.kr/article/19713892

변재현(2017.12.29). "[글로벌Who-시민권 가진 AI로봇 소피아] 로봇의 정의를 깨고 인간의 정의를 묻다". 《서울경제》.

https://www.sedaily.com/NewsView/1OP1LT3Y6B/GF0402
소윤서(2019.4.8). “시민권 받은 최초의 휴머노이드 로봇 ‘소피아’, 인간과 로봇 공존의 시발점되나”. 《AI타임스》. https://www.aitimes.com/news/articleView.html?idxno=46898

소윤서(2019.9.7). “AI에게 인간의 권리 부여해도 될까”. 《AI타임스》. https://www.aitimes.com/news/articleView.html?idxno=47744

송경재(2021.10.18). “인공지능(AI)이 정치와 만난다면?”. 《프레시안》. https://m.pressian.com/m/pages/articles/2021101814112615130

양준석(2024.10.15). “정치에 참여하는 AI”. 《AI타임스》. https://www.aitimes.com/news/articleView.html?idxno=164211

유성운(2019.12.7). “욕심없는 ‘AI 정치인’이 낫다? … 日 지방선거, 인공지능 출마”. 《중앙일보》. https://www.joongang.co.kr/article/23651227

윤석만(2018.5.20). “[윤석만의 인간혁명] 미래엔 로봇도 투표할 수 있을까”. 《중앙일보》. https://www.joongang.co.kr/article/22638503

이연희·변순용(2020). “킬러로봇에 대한 윤리적 고찰”. 《한국초등교육》, (102), 217~225쪽.

임재강(2025.1.19). “AI 로봇 정치인”. 네이버 블로그. https://m.blog.naver.com/police1965/223730921951

장용승(2024.7.18). “AI 정치인 실험”. 《매일경제》. https://m.mk.co.kr/news/columnists/11070671

전황수·허홍석(2019). 《AI가 가져올 정치의 변화》(ETRI Insight 2019-41). 한국전자통신연구원.
https://ksp.etri.re.kr/ksp/plan-report/file/716.pdf

정상원(2023.11.17). "2076년 AI 정치인이 여의도를 점령할 때". 《한국일보》.
https://m.hankookilbo.com/News/Read/A2023111614150004737

조인혜(2018.5.29). ""로봇, 2045년 인간과 동일한 시민권 획득"". 《로봇신문》.
https://www.irobotnews.com/news/articleView.html?idxno=14067

허석윤(2024.6.3). "[월요 칼럼] 기계와 인간 사이". 《영남일보》.
https://www.yeongnam.com/web/view.php?key=20240602010000103#

goover(2025.5.4). "2025년 현황과 전망: 휴머노이드 로봇의 기술 발전과 인간화".
https://seo.goover.ai/report/202505/go-public-report-ko-7deeb5be-f1c4-4bbf-9d8b-0a1016e20a7c-0-0.html

Coeckelbergh, M.(2022). *The political philosophy of AI.* Polity Press. 배현석 옮김(2023). 《인공지능은 왜 정치적일 수밖에 없는가》. 생각이음.

09

AI 기술 격차와 윤리적 책임

국가 간의 AI 기술 경쟁은 기술 격차와 국제 관계의 불평등을 초래한다. 특히 인간이 창조한 AI 기술 기반 자율 주행차, 섹스 로봇, 킬러 로봇 등은 다양한 문제 발생을 예고한다. 항시 오류와 사고를 동반한다. 급속도로 발전하는 기술 발전에 부합하지 않는 뒤늦은 규제와 정책은 윤리적 논쟁을 불러일으킨다. AI 기술 진보는 인간의 존엄성에 대한 성찰과 윤리적 책임에 대한 논쟁으로 이어진다.

AI와 기자?

국가 간 AI 기술 격차

AI 기술은 과거와는 비교할 수 없을 정도로 비약적으로 발전했으며, 이런 급속한 기술 발전으로 인한 국가 간 기술 격차는 더욱 심각한 수준이다. 한 국가의 AI 기술 발전은 정책적 지원, 투자 규모, 인재 확보 능력, 그리고 기술 개발 속도에 따라 달라진다. 이는 한 국가의 경제적 능력과 인재 양성을 위한 교육 환경이 뒷받침되어야 한다. 이러한 조건들이 충족되지 않는 경우 AI 기술 경쟁에서 밀려날 수밖에 없으며, 그 기술 격차를 좁힐 가능성은 거의 없다. 한 예로 미국의 경우 경제 능력은 물론이고 방위 산업의 발달로 모든 첨단 기술에서 독보적 위치를 차지하며, AI 분야에서도 세계 최고의 기술력을 보유하고 있다. 특히 생성형 AI 부분에서 최첨단 기술을 보유한 미국은 다른 국가들을 크게 앞서고 있다.

매년 AI 관련 글로벌 순위를 평가하는 지표가 발표되는데, 평가 기준과 방법에 따라 차이가 있지만, AI 기술 발전 수준을 알 수 있다. 한 예로 토터스미디어(Tortoise Media)의 2024년 글로벌 AI 지수를 살펴보면, 미국이 압도적 차이로 1위에 있으며, 2위는 중국, 그리고 싱가포르, 영국, 프랑스, 대한민국, 독일, 캐나다, 이스라엘, 인도 순이다. 이 외에 경제 · 기술 선진국인 일본과 대만을 포함해 네덜란드, 핀란드, 스위스 등 유럽 국가들이 20위까지 차지하고 있다. 미국과 중국은 여전히 AI 강국으로 선두를 유지하고 있으며, 3위 이하의 국가들과 현격한 차이를 보인다. 이 순위는 각국의 AI 역량을 재능, 인프라, 연구, 개발, 정부 전략 등 다양한 요소로 평가한 결과다. 한국의 경우 인프라, 개발, 정부 전략 부분은 높은 평가를 받았으나, 연구와 운영 환경에서는 상대적으로 낮은 평가를 받았다.

중국은 특히 정부의 강력한 지원, 풍부한 데이터, 응용 기술, 인재 등을 기반으로 미국의 강력한 경쟁 상대로 부상하고 있다. 최근 생성형 AI 딥시크, AI 로봇 등을 내놓으며, AI 분야에서 독보적이던 미국의 아성을 흔들어 놓았다. 미국의 견제 정책에도 불구하고 중국은 자체 AI 생태계를 구축하고 있다.

하지만 자본력과 기술력, 그리고 전문 인력이 부족한 개발 도상국들은 더욱 치열해지는 AI 기술 경쟁에서 뒤처질 수밖에 없다. IT 기술 강국으로 불리던 한국도 미국은 물론이고 중국과의 격차도 좁히기 어려운 상황이다. 이러한 국가 간의 AI 기술 격차는 경제적 불균형과 더불어 안보 격차로 이어질 수 있으며, 결국 한 국가의 미래를 결정짓게 된다.

윤리적 딜레마, 자율 주행차와 섹스 로봇

AI 기술의 발전은 삶의 편의를 증진하지만, 그와 동시에 전례 없는 윤리적 딜레마를 초래한다. 자율 주행차와 섹스 로봇은 이러한 기술 발전이 인간 사회에 던지는 도전적 질문들을 대표한다.

자율 주행차와 윤리적 책임의 전이

자율 주행차의 등장은 인간이 소유한 기계에 대한 제어권을 기계에 이양하는 문제와 그에 따른 책임 소재로 이동된다. 자동차에 장착된 자율 주행 시스템(automated driving system, ADS)이 어떤 환경에서 운전 임무를 수행할 수 있는지와 인간의 운전 개입 수준에 따라 자율 주행의 단계가 달라진다. 그리고 자율 주행의 마지막 단계에 인간은 단순한 탑승자일 뿐이다(고인석, 2019). 여기서 다양한 윤리적 쟁점이 드러난다.

첫째 쟁점은 안전과 책임 소재다. 자율 주행차 교통사고 발생 시 제조사, 소유주, 소프트웨어 개발자 중 누구에게 책임이 있는지 명확한 기준이 마련되어야 한다(음성원, 2019.10.19; 이광수, 2025.2.7). 특히 예측 불가능한 상황에서 사고가 발생했을 때 누구의 생명을 우선할지 결정해야 하는데, 이때 '트롤리 문제'와 같은 윤리적 딜레마 상황이 야기된다(이광수, 2025.2.7). 이에 대한 윤리적 판단과 결정, 그리고 알고리듬 설계가 필요하다.

둘째는 데이터 프라이버시와 알고리듬 공정성 문제다. 자율 주행차는 위치 정보, 운행 기록 등 방대한 양의 개인 정보를 수집하기에 개인 정보 유출 · 오남용에 대한 대책이 절실하다. 또한 해킹 등 외부 위협으로부터 데이터를 안전하게 보호하기 위한 시스템 구축이 요구된다. 또한, 학습 데이터 편향이 알고리듬에 반영되어 특정 집단에 불리한 결과를 초래하거나(알고리듬 편향), 의사 결정 과정의 투명성이 확보되지 못하는 문제가 있다.

셋째는 사회적 영향과 법규 정비다. 자율 주행 기술 상용화는 운수업 일자리 감소로 이어지며 교통 약자에 대한 고려가 필요하다. 관련 법규 정비와 국제적 표준 마련 또한 시급하다. 이러한 쟁점 해결을 위해서 기술 개발자, 정책 입안자, 윤리학자, 법률 전문가 등 다양한 이해관계자들의 협력과 인간 중심적 기술 발전이 요구된다.

섹스 로봇, 인간의 욕망과 윤리의 경계선

AI 기술 발전과 함께 등장한 섹스 로봇은 윤리적 논쟁을 불러왔고, 학자들 간의 첨예한 찬반 논란으로 이어진다. 섹스 로봇의 긍정적 측면 적극 옹호(Levy, 2009)부터 여성의 성적 대상화와 성 상품화에 대한 경고, 섹스 로봇 반대(Richardson, 2016), 혹은 강간이나 소아성애 등을 모사한 특정 섹스 로봇 금지(Danaher, 2017)까지 의견이 다양하다. 그 핵심 쟁점을 살펴보면 다음과 같다.

첫째는 인간의 성적 대상화 심화와 관계 왜곡 문제다. 인간 형태의 섹스 로봇은 인간을 성적 만족의 도구로만 인식하는 대상화 현상을 심화할 수 있다(김수정, 2020; Richardson, 2016). 로봇과의 비인간적 상호 작용에 익숙해지면 인간관계에서도 상호 존중보다 일방적 만족 추구를 우선시하게 되어 친밀감과 사회적 관계망 약화로 이어질 수 있다. 외로움 해소 수단으로 사용 시 오히려 더 깊은 고립을 초래할 수 있다는 역설도 존재한다.

둘째는 성 윤리와 사회적 규범의 혼란이다. 섹스 로봇의 등장은 인간 간의 도덕적 행위에 기반을 둔 기존의 성 윤리와 사회적 규범에 대한 근본적인 질문을 던진다(김태경, 2023). 또한 전통 윤리에 기반한 인간의 섹스 로봇 사용이 끼치는 개인적 · 사회적 해악에 주목한다(구교선, 2024). 섹스 로봇과의 성적 행위를 간통으로 볼 것인지, 아동이나 특정 외모 모방 로봇의 제작 · 판매를 허용할 것인지 등 사회적 합의가 필요한 문제들이 많다. 섹스 로봇의 상업적 보급은 기존 성매매 산업 변화와 새로운 성 착취 문제, 사회 전체의 성 윤리 기준 약화, 인간 존엄성 훼손으로 이어질 수 있다.

셋째는 인권 개념의 확장과 로봇 권리 논쟁이다. 일부 학자들은 고도의 지능과 자율성을 가진 로봇에게도 권리를 부여할 것을 주장한다. 만약 섹스 로봇이 자의식을 갖는다면, 단순히 인간의 성적 욕망 충족 대상으로만 다루는 것이 윤리적으로 정당한지에 대한 심각한 고민이 필요하다. 비록 현재 기술 수준에서는 상상하기 어렵지만, 미래에는 로봇의 지위와 권리에 대한 논의가 불가피하며 섹스 로봇이 그 중요한 사례가 될 수 있다.

넷째는 기술 긍정적 측면과 윤리적 문제의 균형이다. 섹스 로봇은 성 기능 장애 지원이나 외로움 해소 등 긍정적 잠재력도 있다. 하지만 인간 대상화, 성 윤리 혼란 등 윤리적 문제들을 간과해서는 안 된다. 기술 발전의 가능성을 탐색하면서도, 발생 가능한 윤리적 문제를 예측하고 방지하기 위한 사회적 논의와 규제 마련이 시급하다. 인간의 행복과 공동체 발전을 위한 신중한 접근이 필요한 시점이다.

군사용 킬러 로봇과 전쟁 윤리

AI 기반 킬러 로봇은 '치명적인 자율 무기(lethal autonomous weapons, LAWs)'로 인간의 개입 없이 스스로 공격할 수 있는 로봇을 뜻한다(이연희 · 변순용, 2020). 킬러 로봇에 대한 깊은 우려는 2015년 2만 명이 넘는 AI · 로봇 공학자들이 유엔에 보낸 "인간의 유의미한 통제를 벗어난 자율적 공격 무기의 개발과 사용을 반대하는 공개 서한"에서 잘 드러난다(천현득, 2019a, 6쪽). 반면, 제리 캐플런(Jerry Kaplan)은 군인과 민간인 보호, 세계 안정을 위해 자율 무기의 잠재적 이점에 주목하며, 지뢰나 생화학 무기보다 통제하기 쉽다고 주장한다(Kaplan, 2015.8.17).

그러나 국제 사회의 지도층과 비정부 기구들은 '킬러 로봇 개발 · 이용 금지' 캠페인을 벌이며 그 위험성을 경고해 왔다(김문성, 2018.8.21). 이는 인간의 생사 결정을 기계에 위임하는 행위의 정당성, 국제법과 전쟁 윤리의 훼손 가능성 등을 고려해 킬러 로봇의 개발과 이용을 문명사적 위협으로 간주하기 때문이다.

우선 킬러 로봇의 핵심 윤리적 문제는 인간만이 가져야 할 생사 결정 권한을 기계에 위임한다는 점이다. 인간 생명의 존엄성은 자의적 박탈을 불허하며, 전쟁 상황에서도 국제법과 전쟁 윤리에 따라 제한적으로만 살상이 허용되며 최종 결정은 인간의 판단에 따라야 한다. 킬러 로봇은 프로그래밍된 알고리듬과 센서에 기반해 목표를 식별하고 공격을 결정한다. 이는 인간의 감정, 맥락적 이해, 윤리적 숙고 과정을 배제한 채 기술적 판단에만 의존해 생명을 박탈한다.

특히 킬러 로봇은 국제 인도법(IHL)과 오랜 전쟁 윤리 원칙–구별 원칙, 비례성 원칙, 책임 원칙–을 심각하게 훼손할 가능성이 있다. 1) 킬러 로봇이 복잡한 전장에서 전투원과 비전투원을 정확히 구별할 수 있을지에 대한 의문이 제기된다(천현득, 2019a, 2019b; 한희원, 2018). 오인으로 인한 민간인 살상 위험성이 높으며, 이는 전쟁 범죄로 이어질 수 있다. 2) 공격 목표의 군사적 이익이 민간인 피해보다 현저히 커야 한다는 비례성 원칙도 킬러 로봇에게 적용하기 어렵다. 킬러 로봇이 상황 맥락과 부수적 피해를 정확히 예측해 공격 결정을 내릴 수 없다는 기술적 한계가 존재한다(천현득, 2019a, 2019b; 한희원, 2018). 3) 특히 킬러 로봇의 오작동이나 국제법 위반 행위에 대한 책임 소재 또한 불분명하다. 프로그래머, 제조사, 지휘관 중 누구에게 책임을 물어야 할지 명확한 법적 · 윤리적 기준이 없어 법의 공백을 초래한다(천현

등, 2019a, 2019b).

무엇보다 킬러 로봇은 통제 불능, 문명사적 위협, 인간 존엄성 훼손 같은 위험을 안고 있다. 킬러 로봇은 일단 배치되면 인간 통제에서 벗어나 자율 작동하며, 복잡한 알고리듬과 예측 불가능한 전장 환경의 상호 작용은 오작동, 의도치 않은 공격, 통제 불능 상황의 위험을 증폭시킨다.

킬러 로봇 개발 경쟁은 국제 안보를 극도로 불안정하게 만들며, 핵무기 경쟁과 유사한 문명사적 재앙으로 이어질 가능성이 있다. 또한 킬러 로봇이 인간 개입 없이 살인을 결정하고 실행함으로써 전쟁의 비인간화를 심화하고 인간 존엄성을 훼손한다. 기계에 의한 살인은 인간의 기본적인 감수성을 무디게 해 전쟁의 참혹함에 대한 인식을 약화할 수 있다.

결론적으로, 군사용 킬러 로봇 개발은 인간의 생명, 국제법, 전쟁 윤리, 그리고 인류의 미래에 대한 심각한 위협을 내포한다. 국가 간의 킬러 로봇 개발 경쟁과 기술 격차는 군사적 힘의 불균형을 심화하고, 결국 국제 평화에 위협이 될 수 있다. 기술 발전의 논리만으로 이러한 윤리적 딜레마를 정당화할 수 없으며, 국제 사회는 킬러 로봇 개발·사용 금지를 위한 적극적 논의와 협력을 통해 인류의 안전과 존엄성을 지켜 나가야 한다. 이는 단순한 무기 통제 차원을 넘어, 인간과 기술의 관계, 그리고 전쟁의 의미에 대한 근본적인 성찰을 요구하는 문제다.

유럽의 AI 윤리

AI 기술 발전이 가져올 위험성에 대한 논의가 활발해지면서 2020년 2월 유럽연합(EU)은 소위 《AI 백서(White Paper on Artificial Intelligence: A European Approach to Excellence and Trust)》를 발간한다. 이 백서는 AI로 인해 제기된 윤리적 · 사회적 문제를 다룬다. EU는 AI 기술이 인간의 존엄성을 존중하고, 공정하고 안전하게 사용되어야 함을 강조한다. 이를 위해 '신뢰할 수 있는 AI'를 핵심 목표로 법적 · 윤리적 · 기술적 측면에서 견고한 시스템을 구축하고자 한다.

이 '신뢰할 수 있는 AI'를 위한 일곱 가지 핵심 요구 사항을 제시하고 있다. 즉, 1) 인간의 행위와 감독, 2) 기술적 견고성과 안전성, 3) 개인 정보 보호와 데이터 거버넌스, 4) 투명성, 5) 다양성, 차별 금지, 공정성, 6) 사회 · 환경적 복지, 그리고 7) 책임성이다.

특히 개인의 안전과 기본권을 침해할 수 있는 의료, 자율 주행, 법 집행 분야의 '고위험 AI' 시스템에 대해 엄격한 규제를 적용하도록 한다. 궁극적으로 AI 기술은 인간의 삶을 개선하고 사회 발전에 도움이 되는 '인간 중심의 AI'를 추구해야 한다. 또한 AI 기술이 인간의 존엄성을 존중하고 인간의 가치를 증진하는 방향으로 발전시켜야 함을 강조한다.

이 《AI 백서》는 AI 기술 발전의 윤리적 기준을 제시하며 전 세계의 윤리적 논의에 영향을 미치고 있으며, EU의 AI 규제 법안(AI Act)으로 발전했다. 2024년 6월 제정된 이 법안은 AI 기술의 위험 수준에 따라 규제를 차별화하는 내용으로, EU 내에서 AI 시스템의 개발 · 수입 · 배포 · 사용에 대한 통일된 규칙을 제시한다. 이 규제는 위험 수준에 따라 AI 시스템의 4단계로 다음과 같이 분류한다.

▸ 허용 불가능한 위험(unacceptable risk): 인간의 기본권을 침해하는 AI 시스템 금지

▸ 고위험(high risk): 시민의 안전과 권리에 중대한 영향을 미치는 AI 시스템의 엄격한 요건을 준수

▸ 제한적 위험(limited risk): 특정 투명성 의무가 적용되는 AI 시스템

▸ 최소 또는 무위험(minimal or no risk): 대부분의 AI 시스

템으로 자발적 행동 강령 권장

이 AI 규제법은 EU 외부에서 개발되어도 EU 시장에서 출시된 경우라면 적용된다. 또한 향후 다른 국가들의 AI 규제의 방향 설정에 영향을 미칠 것이다.

참고문헌

고인석(2019). "자율주행자동차를 어떻게 규율할 것인가". 이중원 편. 《인공지능의 윤리학》, 20~60쪽. 한울아카데미.

구교선(2024). "섹스 로봇의 윤리적 쟁점: 전통적 윤리 이론 기반 연구에 대한 한가지 옹호". 《도덕윤리과교육》, (83), 169~190쪽.

국제엠네스티(2015.11.16). "'살인 로봇'을 금지해야 하는 10가지 이유". 국제엠네스티 한국지부. https://amnesty.or.kr/12025/news/human-rights-news/살인-로봇을-금지해야하는-10가지-이유

김문성(2018.8.21). ""AI '킬러로봇'은 국제법 위반" … 국제 NGO, 개발·이용 금지 촉구". 《연합뉴스》. https://www.yna.co.kr/view/AKR20180821129200009

김수정(2020). "섹스 로봇의 현황과 그 규제에 대한 세 가지 입장". 《한국의료윤리학회지》, 23(3), 209~222쪽.

김태경(2019). "섹스로봇(Sex robot)의 상용화가 갖는 윤리적 문제와 정당성 확보에 대하여". 《철학논총》, 95(1), 69~85쪽.

김태경(2023). "전통적 성윤리에 기반한 섹스로봇에 대한 도덕적 가치판단은 정당한가?". 《동서철학연구》, (107), 229~255쪽.

이광수(2025.2.7). "자율주행차의 윤리적 기준과 법안 마련이 시급한

이유". 《고양신문》.
https://www.mygoyang.com/news/articleView.html?idxno=82877

이연희·변순용(2020). "킬러로봇에 대한 윤리적 고찰". 《한국초등교육》, (102), 217~225쪽.

이영의(2019). "섹스로봇의 윤리". 이중원 편. 《인공지능의 윤리학》, 61~97쪽. 한울아카데미.

음성원(2019.10.19). "자율주행차는 승객과 보행자 중 누구를 구해야 하나". 《한겨레》.
https://www.hani.co.kr/arti/science/science_general/749709.html

천현득(2019a). ""킬러 로봇"을 넘어: 자율적 군사로봇의 윤리적 문제들". 《탈경계인문학》, 12(1), 5~31쪽.

천현득(2019b). "군사로봇의 윤리". 이중원 편. 《인공지능의 윤리학》, 98~130쪽. 한울아카데미.

한희원(2018). "인공지능(AI) 치명적자율무기(LAWs)의 법적·윤리적 쟁점에 대한 기초연구". 《중앙법학》, 20(1), 325~365쪽.

Danaher, J.(2017). Robotic rape and robotic child sexual abuse: Should they be criminalised?. *Criminal Law & Philosophy, 11*, pp.71~95.

European Commission(2020.2.19). *White paper on artificial intelligence: A European approach to excellence and trust.*

Kaplan, J.(2015.8.17). Robot weapons: What's the harm?. *The New York Times.*
https://www.nytimes.com/2015/08/17/opinion/robot-weapons-whats-the-harm.html

Levy, D.(2009). *Love and sex with robot: The evolution of human-robot relationships.* Duckworth.

Richardson, K.(2016). The Asymmetrical 'relationship': Parallels Between Prostitution and the Development of sex robots. *SIGCAS Computers & Society, 45*(3), pp.290~293.

10
AI 시대, 산업 혁명의 종말

AI 기술 혁명의 결과는 인류가 경험하지 못한 질적으로 다른 결과를 낳는다. 즉, '인간 없는 발전'이다. 육체적 · 지적 노동으로부터의 비자발적 인간 해방은 강제되지만, 진정한 해방은 경제적 안정을 전제한다. AI는 전통적인 '자본가 vs 노동자' 관계인 자본주의의 체제를 붕괴시킨다. 즉, 인간이 주도하는 산업 혁명의 종말이며, 새로운 시대의 시작을 의미한다.

AI와 미래 의사?

인간 없는 발전과 비자발적 노동 해방

AI 기술, 특히 고도로 발전된 인공 일반 지능과 자동화 시스템은 과거 인간의 전유물이었던 지적 노동 영역까지 대체한다. '인간 없는 발전'의 가능성이 실현되고 있다.

마르크스는 기술이 완전한 자동화 단계에 도달하면 인간의 직접 노동이 불필요해지며, 이는 '노동으로부터의 해방'으로 이어진다고 봤다. AI와 로봇이 모든 재화 · 서비스를 생산하는 사회에서는 생존을 위한 강제적 노동이 사라진다. 이 자동화와 탈노동의 유토피아적 전망 뒤엔 다른 모습이 존재한다(이광석, 2019.12.26). 이는 인간에게 '노동으로부터의 해방'을 의미하지만, 결코 자발적 선택이 아닌 기술 진보에 따른 강제적 해방으로 다가온다.

생성형 AI와 로봇 기술이 육체적 · 지적 노동을 포괄적으로 대체하며, 인간의 직접적 참여 없이 상품 · 서비스가 생산되는 시대가 도래한 것이다. AI는 빅 데이터를 초 단위로 처리하고, 스마트 공장은 무인화로 가동되며, 생산성은 최대치로 오른다. 공장은 물론이고 사무실에서도 인간은 설 자리를 잃어 간다. AI 시대의 도래는 리프킨(Rifkin, 1995/2005)이 주장한 "노동의 종말"을 의미하며, 캐플런(Kaplan, 2015/2016)이 주장한 '인간이 필요 없는' 시대를 실현한다.

단순 반복적인 사무 업무를 넘어, 데이터 분석, 법률 자문, 의료 진단, 금융 분석, 콘텐츠 생성, 심지어 복잡한 문제 해결과 의사 결정 과정까지 AI가 수행하는 능력은 비약적으로 발전하고 있다. 이는 과거 지식 노동자들이 수행하던 업무의 상당 부분을 AI가 대체할 수 있음을 뜻하며, 의사, 회계사, 법률가 등 고학력 전문직조차 일자리 위협에 직면하게 만든다.

인간이 끊임없이 도구를 만들고 발전시키며, 이젠 "인간을 대체하는 인간의 도구"(구본권, 2015, 11쪽)인 AI를 창조하고, 심지어 그 도구를 창조한 프로그램 개발자까지 대체하는 시점에 와 있다. 인간은 이제 경제 활동의 필수적인 주체가 아니라 AI 시스템의 보조적 역할이나, AI가 해결하기 어려운 극히 제한적인, 아주 인간적인 문제에만 개입하는 존재로 전락하고 있다.

육체적 노동은 물론이고 지적 노동으로부터의 해방은 역설적으로 대규모 실업과 경제적 불안정을 초래할 수 있다. 과거 산업 혁명이 육체노동자를 공장으로 끌어들였다면, AI 혁명은 인간을 노동 시장에서 밀어내는 방향으로 작용한다. 1~3차 산업 혁명이 인간 노동의 효율화를 추구했다면, 4차 혁명은 '인간 배제'를 통한 생산성 극대화를 목표로 한다. 이로 인해 '노동' 개념 자체가 사라지고, 자본주의 생산관계의 근간이 흔들리고 있다.

일할 의지와 능력이 있음에도 불구하고 AI에 의해 일자리를 잃는 '비자발적 해방'은 노동으로부터의 해방이 아닌 노동권 박탈 혹은 인간 소외를 낳는다. 경제적 안정 없는 노동 해방은 곧 빈곤으로 전락할 수밖에 없는 이유가 되기 때문이다. 4차 산업 혁명 시대를 대비해 기본 소득 도입 논의가 활발해지고 있으나(한수경, 2020), 기존 자본주의 체제 내에서는 부의 양극화 심화가 불가피하다. AI로 창출된 부가 상위 1%, 특히 빅 테크 기업에 집중되지만, 노동자 계급은 사업장에선 불필요한 존재로 밀려나 생존 위기에 직면한다. 결국 기술 발전이 부의 집중을 가속한다.

이 강제된 해방은 개인의 자존감 상실, 사회적 소외, 그리고 경제적 빈곤으로 이어질 수 있다. 진정한 의미의 해방이 되기 위해서는 노동으로부터의 자유가 경제적 안정과 인류 전체의 복지 향상으로 이어져야 한다.

자본주의 체제의 위기

AI 기술 혁명은 생산 수단의 소유와 노동력 제공이라는 전통적인 '자본가 vs 노동자'라는 자본주의의 근본적인 관계와 계급 구조를 와해시킬 위험을 내포하고 있다. 당

연시되던 '노동 비례 소득'에 의존한 인간의 삶이 사라지게 된다. 결국 현재 자본주의 체제의 지속 가능성에 대한 의문을 품게 한다.

마르크스에 따르면, 자본주의 사회에서는 생산 수단이 사유화되어 소유 계급(부르주아지)과 노동 계급(프롤레타리아트)으로 나뉘며, 부르주아지는 노동자를 착취해 이윤을 얻는다(Ethics Centre, 2023.10.16). 자본가와 노동자 간의 갈등은 노동력의 대가인 임금을 둘러싸고 발생했지만, AI 시대에는 인간 노동 자체가 더는 필수적인 생산 요소가 아닐 수 있다. AI와 로봇이 대부분의 생산 활동을 수행하게 되면, 인간 노동력의 가치는 크게 하락하게 된다.

이는 노동자 계급의 기반을 흔들고, 전통적인 의미의 '노동자'가 소멸하는 상황으로 이어질 수 있다. 결국 기술 혁명은 노동력의 가치 하락과 전통적 계급 구조의 붕괴를 초래한다. 전통적 자본주의 체제의 '자본가 vs 노동자' 관계는 이제 'AI 소유자 vs 무노동 계층'으로 전환되고, 임금 착취 문제가 사라지는 대신에 생존권 박탈이라는 더 큰 위협이 다가온다. 특히 과거의 노동 착취는 4차 산업 혁명 시대의 데이터 기반 플랫폼 경제에선 더욱 은폐된 형태로 나타난다. 플랫폼 사업자들은 이용자들이 무료로 제공하는 정보와 '자발적 노동 착취'를 통해 거대 기업으로 성장해 왔다(한수경, 2020). 과거의 은폐된 노동 착취는 이제 '착취의 일상화'를 넘어 '착취의 혁명'으로 진화했다(최윤, 2021.11.15).

노동자가 소멸하는 AI 시대엔 자본 독점의 심화와 더불어 수요 부족 위기가 올 수 있다. AI와 첨단 로봇을 소유하고 운영하는 소수의 '기술 자본가' 또는 'AI 자본가'만이 막대한 부를 독점할 수 있게 된다. 생산은 극대화되지만, 대다수 인구가 노동 소득을 상실하면서 구매력을 잃게 되면, 생산된 상품과 서비스를 소비할 수 있는 주체가 사라지는 '수요 부족' 위기에 직면하게 된다.

노동자가 사라진 사업장에선 노동조합의 파업과 같은 투쟁도, 복지 비용도 사라져 이윤의 극대화를 이룩할 수 있다. 하지만 노동자가 사라진 자동화된 공장의 기계는 소비도 할 수 없는 딜레마에 빠진다. 기계는 인간 노동자를 대체할 수 있으나 인간 소비자는 대체할 수 없기 때문이다. 생산성은 극단적으로 높아지는 반면에, 소비자 수는 극단적으로 감소하는 기현상이 나타나게 된다. 이는 자본주의의 핵심 동력인 생산-소비-이윤 순환 고리를 파괴할 수 있으며, 기존 시장 경제 시스템의 존립 자체를 위협한다.

자본주의는 이윤을 위해 끊임없이 생산을 확대하지만, 과잉 생산과 소비 부족으로 경제 위기가 반복되고, AI의 생산 효율화로 상품 가치의 기준인 '사회적 필요 노동 시간'이 무의미해지며, 자본주의 시장 메커니즘의 근간이 흔들린다. 마르크스의 예언처럼, 기술 발전이 결국 자본주의 붕괴를 불러오는 모순에 빠지게 된다.

이러한 위기는 기존의 자본주의가 이제 작동하지 않을 수 있음을 시사한다. 생산 수단이 고도로 자동화되고 지능화되어 인간 노동이 불필요해지는 시대의 자본주의는 AI로 인한 실업과 불평등을 더는 해결하지 못한다. 이러한 자본주의 한계는 부의 분배와 경제 체제를 어떻게 재구성할 것인가에 대한 근본적인 질문을 던진다.

산업 혁명의 종말과 새로운 시작

1차 산업 혁명의 시작과 함께 자본주의가 탄생했다면, AI 기술을 핵심으로 한 4차 산업 혁명은 인간이 주도한 산업 혁명의 마지막 단계로, 자본주의 체제의 몰락을 가져올 수 있다. AI 시대는 단순히 기술 혁명의 한 단계를 넘어, 인류가 기술 발전을 주도하고 그 결과물을 통제했던 산업 혁명의 시대 자체가 종말을 고하고 있음을 시사한다. 이제 기술은 인간의 통제 범위를 넘어 스스로 진화하며, 인류의 역할에 대한 근본적인 재정의를 요구한다.

고도로 발전된 AI, 특히 인공 일반 지능은 인간의 개입 없이도 스스로 학습하고 발전하며, 새로운 지능을 창출할 수 있는 능력을 발휘한다. AI는 스스로 기술을 개량하고 생산 시스템을 재설계하며, 인간의 개입을 점차 불필요하게 만든다. 이는 인간이 기술 발전의 속도와 방향을 완벽하게 통제하기 어렵게 만들며, 커즈와일(Kurzweil, 2005/2007, 2024/2025)의 예측처럼, 기술이 인간을 초월하는 기술적 특이점을 목전에 두고 있음을 말한다. 즉, 기술의 자율적 진화로 인해 인간 통제의 한계가 드러난 셈이다. 인간이 주도하던 기술 혁신이 AI의 자기 진화로 대체되며, 인간 주도 산업 혁명의 역사적 사이클이 종결된다. 결국 더는 인간이 기술 발전의 주도자가 아니라, 기술 발전의 결과에 적응해야 하는 존재가 될 수 있다는 의미다.

이러한 AI의 자가 발전으로 인류의 역할도 근본적인 전환점을 맞이하게 되었다. 과거 모든 산업 혁명은 인간의 필요와 욕구에 따라 시작되고 인간의 노동력으로 완성되었다. 하지만 자동화와 AI가 일자리를 대체하면서 실업률이 급증하고, 소득과 부의 분배는 더욱 불평등해진다. 이는 자본주의 체제의 근본적 모순, 즉 생산력 발전과 분배의 불균형을 심화해, 새로운 경제 체제까지 요구되고 있다.

현재에도 AI와 데이터, 알고리듬 등 새로운 생산 수단의 소유권이 이미 소수에게 집중되고, 부의 독점은 더욱 극단화되었다. 마르크스의 예언처럼 생산 수단 소유권의 재분배 없이는 사회적 분열과 폭발이 불가피하며, 공동체의 붕괴로 이어질 수 있다.

이제 인간은 '생산'과 '노동'이라는 전통적인 역할에서 벗어나, 인간의 행위 자체가 데이터가 되고 자원이 되는 빅 데이터 공급자로서의 정당한 대가를 요구할 때다. 빅 데이터 없는 AI는 불가능하며, 그 데이터 제공자는 플랫폼 이용자들인 동시에 일반 시민들이다. 로봇, AI, 데이터 등 생산 수단의 일부가 사회 전체의 공동 자산이 된다면, 즉 '생산 수단의 사회적 소유권'이 인정된다면(박창규, 2023.6.16), 자원의 공평한 분배도 가능하다. 더 나아가 모두가 기본 소득 등으로 경제적 안정을 누리고, 여가 · 창의 · 자기실현에 집중할 수 있는 사회가 도래할 수도 있다(이광석, 2019.12.26). 그리고 인간은 기술의 윤리적 방향성 설정, AI가 해결하기 어려운 복합적인 인간 문제 해결, 그리고 인류의 정신적 · 문화적 · 예술적 영역을 발전시키는 데에 더 큰 가치를 두어야 한다.

인간 주도 산업 혁명의 종말은 동시에 새로운 인류 'AI 사피엔스' 시대의 서막이 열리고 있음을 의미한다. 인간이 더는 노동으로부터 소득을 얻는 존재가 아니고 AI가 모든 물질적 풍요를 생산하는 새로운 시대가 온다면, 인류는 이제 생존의 문제를 넘어 자아실현, 의미 탐구, 관계 형성 등 더욱 고차원적인 가치에 집중할 기회를 얻을 수도 있다. 이는 산업 혁명의 종말이 단순히 부정적인 결과, 디스토피아를 넘어, 인류가 새로운 진화의 단계로 진입하는 전환점이 될 수 있음을 의미한다. 이를 위해선 AI 기술은 반드시 인간을 위해 존재해야 한다.

참고문헌

구본권(2015). 《로봇 시대, 인간의 일》. 어크로스.

김광수(2018.3.9). "마르크스·케인스·하이에크·폴라니 '4인4색' 경제주의". 《제주의소리》. https://www.jejusori.net/news/articleView.html?idxno=201331

마이클 로버츠(2016.7.16). "로봇과 인공지능 논쟁: 사회주의 유토피아인가, 자본주의 디스토피아인가?"(김종현 옮김). 《노동자 연대》, (178). https://ws.or.kr/m/17461

박창규(2023.6.16). "'사회적 소유' 논의에 관한 소개와 제언". 정의정책연구소. http://justice-platform.org/home/post_view.php?nd=453

소노볼(2025.5.8). "로봇과 AI 시대, 노동의 종말은 왜 허구인가".

브런치. https://brunch.co.kr/@mentats1/732
이광석(2019.12.26). "화려한 공산주의가 선물할 유토피아? … "자동화 예찬, 이의 있습니다"". 《경향신문》. https://www.khan.co.kr/article/201912262121005
최윤(2021.11.15). "착취의 혁명: 마르크스의 시선으로 보는 4차 산업혁명". 브런치. https://brunch.co.kr/@choiyoon/7
크리스 하먼(2011). "마르크스 경제위기론과 그에 대한 비판"(최일봉 옮김). 《마르크스21》, (12). https://marx21.or.kr/m/158
한수경(2020). "4차 산업혁명 시대, 인간노동의 종말과 대안". 《정치와 평론》, (27), 41~81쪽.
홍성욱(2019.10.19). "[기술속사상] "기계는 괴물이다"". 《한겨레》. https://www.hani.co.kr/arti/culture/book/153335.html
홍은주(2025.3.26). "AI 사피엔스 시대 생존전략 (1) AI 혁명의 시작". Samsung SDS. https://www.samsungsds.com/kr/insights/survival-strategy-of-ai-sapiens-age-part1.html
Ethics Centre(2023.10.16). Big thinker: Karl Marx. Ethics Centre. https://ethics.org.au/big-thinker-karl-marx/
Kaplan, J.(2015). *Humans need not apply*. Yale University Press. 신동숙 옮김(2016). 《인간은 필요 없다》. 한스미디어.
Kasanmascheff, M.(2025.6.19). Microsoft restructures again with sales division in firing line, cutting thousands of jobs. *WinBuzzer*. https://winbuzzer.com/2025/06/19/microsoft-restructures-again-with-sales-division-in-firing-line-cutting-thousands-of-jobs-xcxwbn/
Kurzweil, R.(2005). *The singularity is near*. Viking. 김명남·장시형 옮김(2007). 《특이점이 온다》. 김영사.

Kurzweil, R.(2024). *The singularity is nearer.* Penguin Books. 이충호 옮김(2025). 《마침내 특이점이 시작된다》. 비즈니스북스.

Mathur, D.(2025.6.25). Another round of layoffs: 1,000+ Microsoft employees likely to be hit in July. *TECHGIG.* https://content.techgig.com/microsoft-cuts-over-1000-sales-jobs-in-major-ai-strategy-shift/articleshow/121946890.cms

News18(2025.6.19). Microsoft layoffs 2025: After 6,000 layoffs, tech giant prepares for another job cuts amid AI push. *News18.* https://www.news18.com/business/after-6000-layoffs-microsoft-prepares-for-another-workforce-reduction-amid-ai-push-ws-dkl-9393157.html

Pitts, F. H. & Dinerstein, A. C.(2017). *Postcapitalism, basic income and the end of work: A critique and alternative*(Bath Papers in International Development and Wellbeing, 55). University of Bath.

Rifkin, J.(1995). *The end of work.* Putnam. 이용호 옮김(2005). 《노동의 종말》. 민음사.

Susskind, D.(2020). *A world without work: Technology, automobile, and how we should respond.* Metropolitan Books. 김정아 옮김(2020). 《노동의 시대는 끝났다》. 와이즈베리.

Susskind, R. & Susskind, D.(2016). *The future of the professions.* Oxford University Press. 위대선 옮김(2016). 《4차 산업혁명 시대 전문직의 미래》. 와이즈베리.

한수경

피스터치 대표다. 독일 마인츠 요하네스구텐베르크대학교에서 신문방송학, 정치학, 법학 학사와 석사 과정을 마치고 동 대학에서 신문방송학 박사학위를 받았다. 《마이그린뉴스》(my-greennews.com) 전 발행인이며, 인천대학교 강사를 역임했다. 주요 저서로 《유럽에서의 저작권과 구글의 투쟁》(2016), 《미디어의 세계화 이론과 모순》(2015), 《Pressejournalismus in Korea》(2005), 《Globalisierung und Regionalisierung der Medien in Asien?》(2010) 등이 있다. 논문으로 “4차 산업혁명 시대, 인간노동의 종말과 대안”, “방송과 공정성: 방송의 지배구조와 방송의 공정성 훼손”(2015) 등이 있다.